http://cafe.naver.com/orientastrology
홍성파 자미두수 네이버 카페

홍성파 자미두수 써머리

초판 1쇄 2012년 4월 20일
초판 6쇄 2022년 11월 7일

글 Red S John, 全眞又. 기획 영강미디어 출판 펴낸곳 (주)늘품플러스 펴낸이 전미정
출판등록 2004년 3월 18일 제2-4350호 주소 서울 중구 퇴계로 243 평광빌딩 10층
전화 070-7090-1177 팩스 02-2275-5327 이메일 go5326@naver.com 홈페이지 www.npplus.co.kr
ISBN 978-89-93324-38-9 03150 정가 15,000원

ⓒ全眞又, 2012

이 책은 저작권법에 따라 보호받는 저작물이므로 무단 전재와 무단 복제를 금지하며,
이 책 내용의 전부 또는 일부를 이용하려면 반드시 저작권자와 (주)늘품플러스의 동의를 받아야 합니다.

홍성파 자미두수 써머리

全眞又

영감미디어 출판

홍성파
자미두수
써머리

1. 홍성파 자미두수(紅城派 紫微斗數) 소개   7

2. 자미두수의 기본용어들   17

3. 자미두수 전설의 활용   27

4. 12궁과 신궁의 역할   37

5. 별들에 관한 해설   59

6. 사화(四化), 록권과기(祿權科忌)   103

7. 별의 밝기   107

8. 선천운 대운 유년운   109

9. 별의 변성(變成)   113

10. 논명술(論命術)   119

11. 자미두수 수행기   157

12. 홍성파 논명 써머리   167

홍성파
자미두수(紅城派 紫微斗數) 소개

홍성파 자미두수란?

자미두수에는 여러 파의 갈래가 있습니다.

제가 사용하는 자미두수는 그 여러 파의 식견(識見)에 거의 동의하지 않습니다. 그 말뜻은 그 여러 파들의 지식(知識)과 견해(見解)가 틀렸다는 것이 아니라 제가 그 분들과 식견이 많이 다르다는 뜻입니다.

사화(四化)를 사용하는 법부터 논명(論命)하는 방법 등 여러 가지 사용법이 그 분들과 상이(相異)하기에 이전까지 자미두수 어느 파(派)요? 라는 질문에 '독고다이파' 입니다~ 라고 우스개 소리로 넘어가고는 했습니다.

그래서 앞으로 제가 자미두수를 하지 않는다면 모르지만 그동안 가르쳐 드린 분들에게도 앞으로 많은 정보를 새로 공유해야 하고, 또 개인강좌를 듣고 싶어 하는 분들을 위해 제가 공부하는 스타일의 자미두수에 대해 정확히 인지시켜드려야 한다는 취지(趣旨)에서 제 방식을 지칭하는 명칭으로 홍성파(紅城派)라고 이름을 지었습니다.

홍성파의 '작명의(作名意)'는 제가 공부의 맥이 기존의 파벌에서 빠져나온 장소가 예전에 라성(羅城)이라 불렸던 캘리포니아(Los Angeles)의 장소 명에서 뒷 글자를, 그리고 자미두수 강좌를 처음 시작할 때 쓰던 가명의 한자명 홍(紅)을 넣어서 홍성파(紅城派)라고 붙였습니다.

40은 넘었지만 아직 어린 나이에 선학(先學)하신 분들에게 실례(失禮)를 무릅쓰고 파를 지어 무리에서 벗어나고자 합니다. 이 글을 통해 제가 하는 자미두수의 견해는 기존의 다른 파의 식견과 다르며, 제가 자미두수를 잘못 익히고 가르쳤다 해도 기존의 학파에 누를 끼치지 않게 될 것입니다.

그리고 분명한 제 의사를 밝히며 저와 인연이 닿아 배우시는 분들이 스스로 공부를 선택할 수 있기를 바랍니다.

-Red

홍성파 자미두수의
핵심(核心)은?

자미전서(紫薇全書)를 기준으로 하여 별의 기운을 해석하고 있고, 전서 중 '진희이선생왈(陳希夷先生曰)'의 문장의 해석에 더 중심을 두고 다른 학파와 조금씩 다른 해석을 하고 있습니다.

저는 자미두수의 스승을 '내담자(來談者) 명반'으로 삼고 있으며, 자미두수로만 일만 여회 이상의 상담 경험으로 별들을 재해석해 배치하고 임상(臨床)과 결과를 얻은 것만 이론(理論)으로 삼았습니다. 그러므로 이론에서는 '옳다' 해도 현실에서 '틀리는' 이론은 사용하지 않습니다.

격국(格局)에 대해서도 타 학파와는 달리 먼저 밝기를 통해 변화의 수를 읽어 그것이 격국이 됨을 알게하는 방식을 택하고 있습니다. 그래서 공부 중에 격국에 대한 공부는 아주 후반에 따로 하고 있습니다.

명반을 보는 관점을 신(神), 성(星), 명(命)을 동일시하여 삼고, 록권과기(祿權科忌)의 사화(四化)를 신성귀(神聖鬼)삼아 판단하며 '삼방사정(三方四正)'이란 말을 버리고 '삼방대궁(三方對宮)'의 말만 사용하여 사정(四正)과 팔정(八正)의 혼돈을 삭제하고 오로지 자미두수 원론에만 그 뜻을 따릅니다.

홍성파 자미두수를
공부하기 전에

1. 어떤 학문이든 공부하며 드러나는 자신의 사주로 구성된 내용들을 부정하지 말아야 합니다.

생각보다 나쁜 평가가 나오면 자신을 성찰하여 왜 이런 평가가 나오는지에 대해 살펴보고 연구해보아야 합니다. 하지만 사람의 마음이란 것은 자신의 명이 흉(凶)하게 나와 있다면 그때부터 학문을 부정하고 해설을 부정하게 됩니다. 심지어 자미두수에서는 자신의 생시(生時)를 바꾸어가며 평가해보기도 합니다. 그때부터는 스스로 공부를 할 수 있는 맥(脈)을 잘라내는 것입니다.

나쁜 것이 보이면 "나의 어떤 면이 이렇게 드러나게 되는가?"를 생각해야 합니다. 그리고 자신이 살아온 것과 앞으로 하고자 하는 것을 비교하여 실제로 어떤 일이 일어나는 지 임상해보며 연구해야 합니다.

2. 처음 공부를 시작해서 연습 삼아 상담을 하게 되면 약속을 받아야 합니다.

자신이 평가해준 명주(命主)의 운을 월별로 분석하고 그 일이 실제로 일어났는지 아닌지를 확인 받아야 합니다. 그렇지 않을 때 자신의 공부를 믿지 못하게 됩니다. 그러므로 대가를 받지 못한다면 그 결과의 확인이라도 받을 것을 약속하십시오.

3. 책임을 회피하지 마세요.

학문을 배우고 '이렇다 저렇다' 라고 하지 못한다면 학문을 배울 필요가 없습니다. 어차피 배워봐야 남들의 기에 죽어 말 한마디 못하고 스스로 못쓰게 될 테니까요. 학문을 배우고 사용하기 위해서는 자신감이 필요합니다. 맞건 틀리건 분명하게 이야기 하고 틀렸으면 변명 없이 틀린 것에 대해 '미안합니다.' 라고 하세요.

4. 역학인과 재물

저는 자미두수를 익힌 이후로 상담을 해서 번 돈으로 사행성(射倖性) 또는 유흥성(遊興性) 지출은 절대로 하지 않습니다. 그 사람들의 내민 돈들은 하나하나가 자신의 고민을 해결하기 위해 소중한 조언을 듣고자 어렵게 만들어 온 돈입니다. 물론 부자들의 심심풀이에 들어오는 돈도 있지만 마찬가지 입니다.

역학인(易學人)은 재물을 담을 그릇이 없는 사람입니다.

스스로 역학인을 자처한다면 돈을 벌기위해 사람을 현혹(眩惑)해선 안 됩니다. 그런 틀을 벗어났을 때 '점쟁이' 가 되는 것이고 '사기꾼' 이 되는 것입니다. 세치 혀로 타인의 미래를 자신의 영위(榮位)에 쓸 생각은 꿈꿔봐야 소용없습니다. 역학인 치고 빌딩 짓고 호화롭게 사는 사람 없습니다.

단지 역학을 팔아 남을 울려야 그런 돈이 생기는 것입니다. 그런 계획이 있으신 분들은 앞으로 제 글을 읽지 않으셨으면 합니다.

제 글속에는 돈 버는 재주가 없습니다.

자미두수의 구조와 상식

자미두수란?

"별(星)과 궁(宮)을 조합해 사람의 운명(運命)을 판단하고 미래를 예측(豫測)하는 학문이다."

자미두수는 하늘에 떠있는 진짜 별이 아니라 허성(虛星)으로 만들어진 중국 고대의 점성술(占星術)입니다. 별을 사용하여 판단하지만 그 별들은 밤하늘에 존재하지 않습니다. 단지, 그 별들에 비유해서 판단 할 뿐이지요.

우리는 이쯤에서 생각해 볼 필요가 있습니다. 바로, '왜 별들에 비유해서 만들어져 있을까?' 입니다. 진희이 선생님께서 이 학문을 정리하실 때 굳이 '별'들에 비유해서 정리할 필요가 있었는지에 대해서 말입니다. 그래서 별들과 인간과의 공통점을 깊게 생각해 봐야 합니다.

첫 번째로 인간에게는 생로병사(生老病死)와 흥망성쇠(興亡盛衰)가 있습니다. 별들에게도 이에 해당하는 록권과기(祿權科忌)가 있습니다.

두 번째로 인간의 성향(性向)에는 밝기가 있습니다. 별들에게도 묘왕지평한함(廟旺地平閑陷)이라는 밝고 어두움, 그리고 무력(無力)의 구별이 있습니다.

세 번째로 인간에게는 상황에 따라 다변하는 마음(多變心理)이 있습니다. 별들에게는 전설(封神演義)로 부여한 각 별의 마음(主星心理)이 있습니다.

그중에 자미두수에서 가장 인간과 같은 마음(心理)을 표현하는 별인 14주성(主星)은 **자미(紫薇), 탐랑(貪狼), 거문(巨門), 염정(廉貞), 무곡(武曲), 파군(破軍), 천기(天機), 천상(天相), 천량(天梁), 칠살(七殺), 천부(天府), 천동(天同) 태양(太陽), 태음(太陰)**입니다.

위 14개의 별들은 앞으로 여러분께서 항상 깊게 생각하고 관찰해야 할 별들입니다.

자미두수에서 두 번째로 중요한건 궁(宮)입니다.

'궁'이란 말 그대로 '방(房)'이지요. 바로 별들이 들어앉는 '곳'입니다. 궁에 대해 살펴보면 인간이 살아가면서 꼭 필요한 12가지를 궁으로 만들어 놓았습니다. 인간에게 우연이든 필연이든 연결되는 것을 구성해보면 이렇게 됩니다. 먼저 '나'라는 것이 있습니다. 바로 명궁(命宮)이지요. 그리고 '나'는 혼자 존재하지 않습니다. 바로 '부모'로부터 나오지요. 그래서 '명궁' 왼편으로 부모궁(父母宮)이 있습니다. 또, '나'의 옆에는 형제가 있습니다. 그래서 '명궁' 오른쪽으로 형제궁(兄弟宮)이 있는 것이고요.

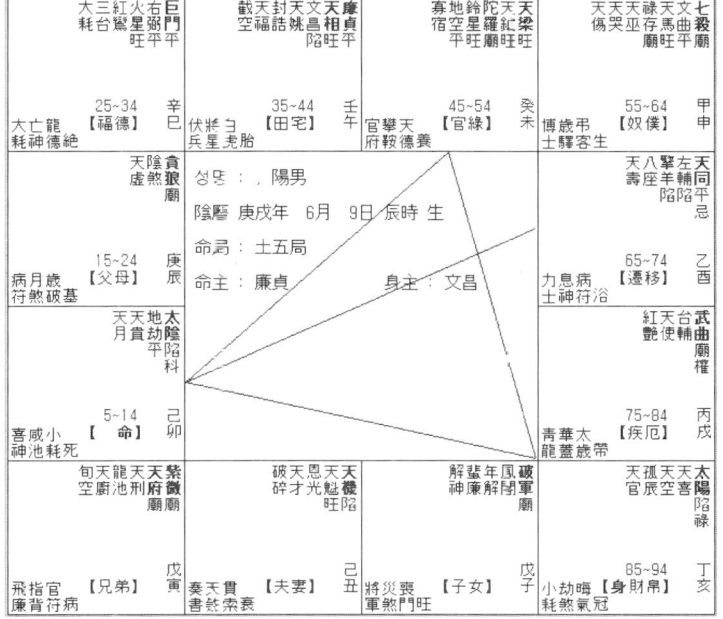

이렇게 명궁을 중심으로 '부모궁(父母宮), 형제궁(兄弟宮), 복덕궁(福德宮), 부처궁(夫妻宮), 전택궁(田宅宮), 자녀궁(子女宮), 관록궁(官祿宮), 재백궁(財帛宮), 노복궁(奴僕宮), 질액궁(疾厄宮), 천이궁(遷移宮)'으로 나뉘어져 12개의 궁으로 배치되어 있습니다. 여기에 한 가지 더해서 **신궁(身宮)**이 있는데 이 궁은 자신을 나타내는 외적인 면(또는 선천적인 면)을 나타냅니다. 그러나 이 신궁은 별도의 궁을 만들어 앉은 것이 아니라 명궁을 포함해서 다른 궁의 위에 올라앉습니다.(중첩)

그래서 위 그림처럼 12궁으로 만들어진 경반 위에 신궁이 올라앉아 13궁이 되는 것입니다.

이렇게 14개의 별이 다양한 형태로 12개의 궁에 들어가 앉은 모습을 보고, 별의 상태를 따져가며 판단하게 됩니다. 가령 좋은 별이 관록궁에 앉으면 '직업이 좋다~' 라든지 나쁜 별이 재백궁에 앉으면 '돈이 별로 없다~' 라는 평가가 나오게 되는 거지요. 이것이 바로 자미두수로 사람의 운명을 보는 것입니다.

위의 글들이 지금은 이해가지 않으시겠지만 곧 이해가 가게 될 것입니다.

자미두수의 기본용어들

이제부터 자미두수에서 사용하는 용어 중에 최소한의 용어를 짚고 넘어가야합니다.

별에 관한 용어

가. 14주성(主星)

자미두수라는 학문에서 사용하는 궁의 주인공입니다. 궁을 '가정'으로 놓는다면 '가장'에 해당합니다.

이 주성들의 성향과 역할에 따라 운명의 흥망성쇠를 판가름 할 수 있는 것입니다. 북두성(北斗星)과 남두성(南斗星), 중천성(中天星)으로 나뉘어져있고 실제 별이 아닌 허성으로 사용되는 것입니다.

이 별들의 이름은 다음과 같습니다.

자미(紫薇), 탐랑(貪狼), 거문(巨門), 염정(廉貞), 무곡(武曲), 파군(破軍), 천기(天機), 천상(天相), 천량(天梁), 칠살(七殺), 천부(天府), 천동(天同), 태양(太陽), 태음(太陰)

나. 보좌성(補佐星)

보좌성은 14주성을 보좌하는 별로 혼자 궁에 들어가면 힘이 미미하지만 주성과 합쳐지면 아주 강한 힘을 발휘합니다. 제왕(帝王)의 기운을 가진 주성들이 보좌성을 만나지 못하면, 그 주성들 역시 힘을 발휘하지 못합니다. 이렇게 보좌성은 길한 별들을 돕는 별로 14주성과 아주 밀접한 관계입니다. 보좌성은 다음과 같습니다.

좌보(左輔), 우필(右弼), 천괴(天魁), 천월(天鉞), 문창(文昌), 문곡(文曲), 녹존(祿存), 천마(天馬)

다. 흉성(凶星)

같은 보좌성의 수준이지만 혼자 궁에 들어가도 힘을 발휘하며 흉한 일들을 좌우 합니다.

겉으로 드러나는 고통과, 감춰지는 것, 그리고 다투고 쟁취하기도 하며 공격하고 방어하기도 하는 등 수동적인 에너지와 능동적인 에너지, 정신적인 것과 물질적인 것 등으로 나뉘어 있습니다. 흉성은 다음과 같습니다.

경양(擎羊), 타라(陀羅), 화성(火星), 영성(鈴星), 천형(天刑), 천요(天姚)

라. 공망성(空亡星)

공망성이란 것은 '비우는' 속성을 가진 별을 이야기 합니다. 물질적이든 정신적이든 그 영향을 주게 되는데 공망성은 창작의 에너지로 길하게 작용하기도 합니다. 그리고 비워지는 것과 빼앗기는 것으로 나눌 수 있습니다.

공망성은 다음과 같습니다.

지공(地空), 지겁(地劫), 절공(截空), 순공(旬空), 천공(天空)

마. 잡성(雜星)

잡성은 작은 힘을 발휘하는 별들입니다. 궁의 상황과 주성, 보좌성의 성격에 따라 발휘되는 것이 있고 발휘되지 못하는 별도 있습니다.

잡성은 다음과 같습니다.

고진(孤辰), 과숙(寡宿), 비렴(蜚廉), 삼태(三台), 팔좌(八座), 용지(龍池), 봉각(鳳閣), 은광(恩光), 천귀(天貴), 음살(陰殺), 천곡(天哭), 천허(天虛), 천관(天官), 천복(天福), 천수(天壽), 천재(天才), 천상(天傷), 천사(天使), 천월(天月), 천주(天廚), 태보(台輔), 봉고(封誥), 파쇄(破碎), 함지(咸池), 대모(大耗), 해신(解神), 홍란(紅鸞), 천희(天喜), 홍염(紅艶)

바. 록권과기(祿權科忌)

별의 흥망성쇠, 봄, 여름, 가을, 겨울, 태어남과 소멸의 기운을 나타내는 것으로 별의 기운을 나타내는 암호라고 생각하면 됩니다.

제가 분석하는 방식에서는 이 부분을 신(神)과 귀(鬼)로 나누어 조력과 방해, 그리고 그 주성의 에너지 성향 등을 측정하는 용도로 사용합니다.

사. 밝기

별에는 밝기가 있습니다.

제가 공부하면서 실전에 사용해온 바로는 별의 밝기가 가장 중요한 부분입니다.

14주성은 들어앉는 궁의 지지에 따라 별의 밝기가 달라지는데 그 들어앉는 별의 밝기와 조합에 따라 길흉에 대한 표준을 제시한 것이 바로 '격국'입니다.

그러므로 '격국'을 배우기전에 아무리 강조해도 지나치지 않는 부분입니다. 밝기에 대한 표기는 밝기의 순서로 다음과 같이 표시합니다.

묘(廟)→왕(旺)→지(地)→평(平)→한(閑)→함(陷)

이 밝기는 별의 성향에 상당히 많은 영향을 미치므로 꼭 한자를 눈에 익히셔야 합니다.

궁에 대한 용어

가. 13궁

12궁에 신궁(身宮) 하나까지 추가하여 13궁은 14주성이 내려 앉는 자리입니다. 각각 명칭이 있고 그 명칭에 따라 앉은 별의 상태에 따라 그 궁의 명칭에 해당하는 사건의 길흉을 판단하는 기준이 됩니다.

명궁(命宮), 부모궁(父母宮), 형제궁(兄弟宮), 복덕궁(福德宮), 부처궁(夫妻宮), 전택궁(田宅宮), 자녀궁(子女宮), 관록궁(官祿宮), 재백궁(財帛宮), 노복궁(奴僕宮), 질액궁(疾厄宮), 천이궁(遷移宮), 신궁(身宮).

이처럼 13개의 궁을 보고 분석하는 것이기에 처음 자미두수에 도전할 때는 타 학문 보다 쉽다고 판단하고 시작하는 분들이 많습니다. 그러나 이 12개의 궁의 에너지를 분산, 집합, 측정하는 테크닉이 부족하면 결국 타 학문보다 어렵다며 투덜대고 포기하게 되는 것입니다.

나. 육친궁(肉親)

12궁 중에 혈육(血肉)을 뜻하는 궁으로 부모궁, 형제궁, 부처궁, 자녀궁으로 좋은 별이라도 육친궁에 들어서면 나쁠 때가 있고 나쁜 별도 육친궁에 들어서면 좋을 때가 있습니다. 그러므로 논명할 때 육친궁에 대한 해설이 많이 나오게 됩니다.

다. 공궁(空宮)

'궁이 비었다' 라는 의미입니다. 궁내에 14주성이 없으면 보좌성, 흉성 잡성이 있어도 '비었다'라고 봅니다. 그래서 14주성이 없는 궁을 지칭하는 말입니다.

라. 협궁(協宮)

보고자 하는 궁의 좌측, 우측의 궁을 이야기 합니다. 명궁을 보려면 좌우의 부모, 형제궁을 참조합니다. 천이궁을 보는 중에는 천이궁의 좌우인 노복과 질병궁을 봅니다. 이처럼 보고자 하는 관점의 궁에서 좌우에 붙어있는 궁을 협궁이라 합니다.

마. 대궁(對宮)

명궁을 기준으로 하면 정반대의 위치에 있는 궁(천이궁)을 대궁이라고 합니다. 만약 부처궁을 본다고 하면 대궁인 관록궁도 참조합니다. 이처럼 보고자 하는 궁의 맞은편 궁을 대궁이라고 부릅니다.

바. 차성안궁(借星安宮)

공궁의 대궁에서 14주성과 보좌성 등 별 전체를 빌려오는 것을 말합니다. 주의해야 할 것은 차성안궁을 할 때는 대궁에 있는 보좌성, 흉성, 잡성 등 모든 별들을 끌어 온다는 것입니다.

특히 제가 지도하는 홍성파 자미두수에서는 함부로 차성안궁 하는 것을 하지 말라고 이야기 합니다.

차성안궁의 특징은 '그 명반의 주인이 살아가는 삶의 태도'에 따라 변화가 심하기에 그 기준 없이 함부로 차성안궁을 한다면 궁평(宮評)이 어지러워져 해설이 난잡해 집니다.

명반(命盤)에 대한 용어

가. 명반(明盤)

명반이란 것은 생년월일시를 기준으로 12궁에 14주성 및 보좌성 살성 등을 배치해놓은 것입니다. 이것을 기반으로 명을 추론하는 것이며 주로 '명반' 이라고 부릅니다.

나. 선천명반(先天明盤)

생년월일시로 첫 명반을 배치했을 때의 상태를 '선천명반' 이라고 합니다. 이 명반은 해당 사람의 태어나서 죽을 때까지의 운명을 두고 길과 흉을 판단하며 12궁의 상황에 따라 부모운이 좋거나 관록운이 좋거나 등등 각 12궁에 앉은 14주성 및 별들의 상황에 따라 평생의 운을 살피는 것입니다.

다. 대운명반(大運明盤)

대운(大運)이라는 것은 큰 운이어서 좋은 운이라 하는 것이 아니고 1년씩 작은 운을 10개로 묶어 10년씩 장기간의 운을 살피는 것이어서 '대운' 이라고 하는 것입니다. 보통 상담하다가 보면 '이번에 대운 들었다는데 저는 왜 이렇게 힘들죠?' 라는 질문을 하시는데 대운이 좋은 운을 대표하지는 않습니다. 물론 좋은 대운이 있으면 나쁜 대운도 있는 법이고요. 그러므로 대운 명반은 선천명반을 기준으로 양남음녀음남양녀의 상황에 맞추어 명궁에서 왼

쪽 또는 오른쪽으로 10년에 한 칸씩 이동하며 그 도착한 궁의 명칭에 따라 그 기간 동안의 삶의 테마가 정해집니다.

라. 유년명반(流年明盤)

유년은 각 1년씩의 운을 보는 것으로 2011년의 운을 본다면 2011년 유년명반을 보는 것입니다. 물론 2009년 운을 본다면 그 해의 유년명반을 본다는 것이지요. 이 일년의 운을 유년이라 표현하는 것은 그만큼 '흐르는' 각 1년들의 인동성(引動性)에 주의를 기울여 판단해야 하는 것입니다.

마. 삼방대궁(三方對宮)

삼방대궁은 명궁을 기준으로 관록궁, 재백궁, 천이궁을 뜻하는데 굳이 명궁이 아니어도 부처궁을 기준으로 보면 부처궁, 복덕궁, 천이궁, 관록궁이 삼방대궁이 됩니다.

이해가 안가시죠? 그림을 보시면 바로 이해가 갑니다.

전택궁	관록궁	노복궁	천이궁
복덕궁			질액궁
부모궁			재백궁
명궁	형제궁	부처궁 예: 신궁	자녀궁

명궁, 관록궁, 재백궁을 이은 삼각형을 삼방, 명궁의 반대편 궁을 이었을 때는 대궁 이라 생각하시면 됩니다. 위의 그림처럼 기준에 따라 움직이는 것이지 삼방 사정은 고정되어있는 것은 아닙니다. 단지 기준 궁에서 좌우로 4번째 궁을 이으면 '삼방', 반대편까지 이으면 '대궁', 이렇게 생각 하세요.

자미두수 전설의 활용

"만약 당신이 혼자서 공부하다 큰 벽에 부딪쳐 포기하고 싶다면, 포기하는 마음으로 자미두수 전설을 읽고 또 읽고, 자신이 각각의 주인공이 되어 그 입장에서 상상해보시길 바랍니다."

자미두수 전설 봉신연의(封神演義)

자미두수의 별, 14주성은 봉신연의의 주요 인물들과 아주 밀접한 관계가 있습니다. 바로 인물의 성향을 나타내기 때문입니다. 인물의 성향은 곧 별의 성격이기도 합니다.

여러분들이 시간을 내서 한번쯤은 읽어도 좋을 책입니다.

봉신연의는 중국고전의 신마소설 중 대표작입니다. 지은이는 허중림이라고 추정되어 알려져 있고 다른 시각에서는 '육서성이라는 사람이 썼다' 라고도 합니다. 어쨌든 우리에게는 지은이가 중요한 것이 아니라 이 중국고대소설 속에 나오는 인물들이 자미두수의 14주성의 의미를 대표하기 때문에 중요하게 읽어야 합니다.

그래서 간략하게 소설의 내용에 나오는 주요인물을 자미두수의 14주성에 연결지어 살펴보겠습니다.

이 이야기는 은나라 27대 천자 제을(帝乙)의 셋째아들인 수왕(壽王)이 은나라를 물려받게 되면서 시작된다. 당시의 중국은 천자를 위시로 제후들이 각 국가를 운영하여 조공을 천자에게 바치는 구조였는데 그 천자가 있는 나라가 바로 '은' 나라 였다. 수왕이 천자 제을 다음으로 왕위를 물려받았는데 이때부터 **주왕(紂王)-파군성(破軍星)**이라 칭하게 된다. 당시의 은나라는 제후국을 통솔하는 위치에서 강력한 국가의 형태를 갖추고 있었다.

주왕에게는 선대 '제을' 때부터 충신이던 **태사문중(太師聞仲)**이 있었고, **문태사(太師聞仲)-천상성(天相星)**는 문무와 술수를 겸

비한 충신으로 지금의 국무총리와 같은 지위에서 주왕을 보필하고 있었다. 또, 은나라 안에서 가장 용맹한 장수로 이름을 떨치는 **진국무성왕(鎭國武成王) 황비호(黃飛虎)장군-칠살성(七殺星)**이 국방을 지키고, 안으로는 **왕후(王后) 강씨(姜氏)-천부성(天府星)**이 온화하게 보필하고 있었으며, 그 외에도 신하로는 **봉어성중간대부(奉御宣中諫大夫) 비중(費仲)-염정성(廉貞星)**과 충신인 **비간(比干)-태양성(太陽星)**까지 당대에 유능하고 실력있는 많은 신하들이 주왕을 보필하여 강력한 지도국가를 유지하고 있었다.

이 시기에는 사방의 오랑캐와 사로(四路)의 대제후가 거느리는 800진(陳)의 소제후들 까지도 은나라에 복종하며 거스르는 이가 없었다고 한다. 그러나 은나라 주왕 제위 7년에 가장 중요한 사건이 일어나는데 바로 주왕이 여와궁에서 신성을 모독하는 일이 발생하게 되는데...

이 사건은 주왕이 '재상 상용'의 권유로 '태고의 신녀'이며 '조가의 복신'인 '여와'에게 분향을 권고받아 분향차 들린 여와궁에서 여와신상의 미모에 넋을 잃고 마음을 뺏기게 되는 일이 생긴다. 그리고 주왕은 신하들의 만류에도 여와궁의 행궁벽에 불경스런 시를 남기게 되는데 마침 복희, 염제, 헌원께 참배하고 돌아온 여와는 주왕이 남긴 불경스런 시를 보고 진노하게 된다. 이에 여와는 은나라의 주왕을 벌하기 위해 요괴들을 불러 모으는데 이중에 **구미호리정(九尾狐狸精)- '꼬리아홉의 여우요괴(후에 달기에게 빙의-탐랑성)'**, 구두치계정(九頭雉鷄精)- '머리아홉의 요괴', 옥석비파정(玉石琵琶精)- '옥으로만든 비파의 요괴'를 불러 미인들에게 빙의하여 은나라에 들어가 음탕한 주왕을 벌하도록 명령하게 된다.

한편 주왕은 궁으로 돌아와 시름에 잠기는데 바로 여와의 미모에 홀린 체 '자신의 부귀와 명예가 원하는 미인도 취하지 못하는 덧없음'에 한탄하게 되고, 이때에 주왕을 지켜보던 비중은 기주제후(冀州諸侯) 소호(蘇護)의 딸, **달기(妲己)-탐랑성(貪狼星)**를 후궁으로 맞는 것에 대해 간 한다. 이 소식을 듣고 벼슬을 버려가며 거절하던 소호는 주변 제후들의 설득으로 결국 달기를 궁으로 들여보내게 되고, 달기가 후궁이 되기 위해 은나라로 가는 길목인 은주역(恩州驛)에서 구미호리정이 나타나 달기의 혼백을 빼앗고 스스로 달기가 되어 은나라로 가는 가마에 오르게 되는데 이것이 은나라가 망하게 되는 시작이 된다.

달기가 궁으로 들어섰을 때는 이미 구미호리정의 요기가 주왕을 혼미하게 만들었고 주왕은 달기의 꼭두각시가 되어 버렸다. 그런 주왕의 모습에 많은 충신들이 간언하여 왕이 성군으로 돌아오기를 종용하지만 그때마다 달기는 그들을 간신으로 몰아 사형대에 올리고, 이때 당시에 달기가 만들었다는 형벌이 포락형(구리기둥에 불을 달구어 그 위를 걷게 하는 형벌), 채분형(독충이 가득한 곳에 넣어 죽게 만드는 형벌) 등 이루 말할 수 없는 참형으로 주왕의 충신들이 달기에 의해 하나씩 죽어가게 되어, 이를 비통하게 여겨 주왕에게 직접 찾아가 말리는 강왕후조차 직간의 죄로 죽임을 당한다. 달기는 요괴의 본성에 따라 사람의 다리를 잘라 죽어가는 모습을 지켜본다든지, 임산부의 배를 갈라 죽은 아기와 임산부의 시신을 구경한다든지 인간이 가질 수 없는 것을 취미로 사람들을 피폐하게 만들었으며 주지육림과 녹대를 지어 백성들의 고혈을 짜내고 있었다.

이러한 폭정에 달기중은 더 부채질 해가며 사리사욕을 채웠고, 비간은 상소를 올리며 왕의 타락을 막으려 했지만 달기에 위해 오히려 역적으로 몰려 포박을 당하게 되었다. 궁으로 끌려온 비간에게 주왕은 '충신의 심장에는 구멍이 일곱 개가 있는데 네가 충신이라면 증명해 보라' 며 비아냥 거렸고, 비간은 자신의 심장을 꺼내 보이며 비통한 충신의 최후를 맞이했다.

그러나 그 와중에도 달기와 주왕이 함부로 하지 못하는 사람이 있었으니 그가 바로 문태사였다. 선대왕부터 충신이면서 뛰어난 무예와 실권을 장악하고 있었고 은나라의 국경을 지키고 있었기에 주왕과 달기는 횡포는 문태사가 궁 안에 있을 때와 없을 때가 달랐다고 한다.

그리고 달기에게 또 하나 불편한 것이 있었으니 자신의 악행이 퍼져나가서 제후들의 반감을 사는 것을 두려워했다. 그래서 달기는 하나의 계략을 만들어 내는데, 이는 사로으 대제후를 제거하려는 계략으로 4인의 제후를 궁으로 불러들여 죽이려는 계획을 세우고 대제후들을 불러들이지만 한명의 제후단 죽임을 당하고 두 제후는 도망쳤으며 서백후 희창만 잡혀 옥에 갇혀버리게 된다.

서백후 희창-천동성(天同星)은 역(易)에 밝았던 제후로 이 일이 달기의 계략 임을 미리알고 자신이 옥에 오랜 기간 갇힐 것을 알게되었다. 그러나 주왕의 명이라 순순히 응했고 아직 남아있는 주왕의 충신들이 희창의 구명활동을 펼쳐 간신히 사형을 면한 채 옥에 갇혀 지내게 된다.

이렇게 주왕은 달기에 빠져 혼미한 상태로 폭정을 일삼게 되고 충신들은 왕에게서 등을 돌리게 되어 초강대국이었던 은나라는 결국 바람 앞의 등불이 되었던 것이다.

7년의 세월이 지나 서백후 희창의 맏아들인 **백읍고(伯邑考)-자미성(紫微星)**는 부친의 생사가 걱정이 되어 주왕을 찾아가게 되는데 백읍고의 고고함에 달기가 반하여 유혹을 하게 되고 이를 거절한 백읍고를 달기가 거짓으로 '자신을 겁탈하려 했다'는 죄목을 씌워 사형을 시켜버린다.

백읍고의 시신을 두고 달기와 주왕은 '희창이 역에 밝다고 하는데 자기 자식의 고기를 모르고 먹는지를 시험하자'며 백읍고의 시신을 소금에 절여 항아리에 눌러 놓은 뒤, 그 발효된 고기를 옥에 갇힌 희창에게 내어 놓는다. 희창은 자신의 아들이 고기가 되어 자신의 앞에 왔음이 비통했지만 '자신이 무능력하다'라는 모습을 보여 감옥에서 풀려날 생각으로 백읍고의 고기를 모두 먹어버린다.

이런 희창의 모습을 보고받은 주왕과 달기는 '희창은 현자가 아니라 바보같은 늙은이'로 평가하며 비웃음과 함께 희창을 본국으로 돌려보낸다.

비통한 마음으로 돌아가는 길에 희창은 산길에 다다라 자식의 고기를 토해내었고 그 고기는 한 마리 토끼가 되어 희창에게 고개를 숙여 예를 갖추고 숲으로 들어가 버렸다고 한다.

이로서 희창은 주왕과 달기, 은나라에 보복하기 위해 본국으로 돌아가 국력을 키우며 제후들을 의견을 모으며 인재를 등용하기에 힘을 쏟기 시작한다.

한편, **'강자아(姜子牙)-천기성(天機星)'** 는 곤륜산에서 수도를 하고 내려온 사람으로 학식이 깊고 넓었으며 용병과 지리 등에 밝은 석학이었으나 기회를 만나지 못해 집에서 책을 읽으며 지냈다. 그런데 그의 부인은 '마천금(馬千金)-거문성(巨文星)'으로 희대의 악처였는데 강자아가 무능하다는 것을 동네방네 소문을 내며 다니고 책만 읽는 것을 시샘하여 책을 읽는 강자아 옆에서 바닥을 칼로 긁는 등의 행동으로 유명했다. 그러다가 68세가 되었을 때 마천금이 햇빛에 널어놓고 간 빨래를 비 오는데도 책을 읽느라 걷어주지 않았다 하여 마천금은 강자아와 이혼하고 강자아를 혈혈단신으로 내쫓았다.

그때부터 강자아는 주군이 될 사람을 기다리며 강에서 낚시를 하게 되었고 훗날 인재를 찾아다니던 희창의 눈에 띄어 발탁되어 하대부(下大夫)의 벼슬을 받게 된다.

이때 즈음...

무장인 황비호에게는 '가씨(賈氏)부인-태음성(太陰星)'이 있었는데 미모가 절정으로 왕궁의 달기와 항상 비교되었다. 그런 소문을 달갑지 않아하던 달기는 주왕과 함께 황비호장군과 가부인에게 부부동반의 주연을 궁내에서 베풀고 주연이 끝나갈 무렵 달기가 모사를 부려 황비호 장군만 집으로 돌려보낸다. 술에 취하고 음탕해진 주왕은 가부인을 겁탈하려 하고 가부인은 정절을 지키기 위해 누각에서 뛰어 내려 자결을 하게 된다.

이 소식을 들은 황비호장군은 은나라를 버리고 복수를 위해 희창을 찾아가게 되며, 이로써 주왕이 가지고 있던 강력한 칼자루마저 적이 되어 돌아서게 되었다.

앞서 비극을 당했던 희창은 제후로서는 서백후이며 국가로는 서주(西周)의 문왕(文王)이었다.

그 사건이후 문왕은 강자아를 불러들이고 황비호의 귀순을 받아들이는 등 인재를 모으고 있었지만 안타깝게도 거의 모든 준비를 마쳤을 때는 명이 다해 쓰러지고 말았다. 이에 둘째 아들 희발(姬發)이 왕위를 물려받아 '**무왕(武王)-무곡성(武曲星)**'으로 올라선다.

이로서 모든 인과관계가 얽히고설킨 일들이 마지막에 이르러 전쟁으로 치달아 결국 은나라는 멸망에 이르게 된다.

은나라가 멸망해가는 과정 속에서도 문태사는 주왕을 버리지 않고 지키려 했으나 그 명을 다하고 황비호 역시 복수를 위해 앞서나가며 전투를 벌이다 명을 소진했다. 강자아는 신선술과 용병술등으로 지휘해가며 은나라의 목을 졸랐고 파군은 스스로 분신자살을 택하게 되었다.

수백의 전투를 치루면서도 끝까지 살아남았던 '**이천왕**'은 살아있는 모습으로 별이 되어 '**천량성(天梁星)**'이 되었으며 이후 800년간 주나라의 시대가 찾아오게 된다.

자미두수 전설과 14주성의 관계

위의 전설과 자미두수의 별을 조합하면 다음과 같습니다.

은나라 주왕(紂王)-파군성(破軍星)

왕후(王后) 강씨(姜氏)-천부성(天府星)

달기(妲己)-탐랑성(貪狼星)

태사문중(太師聞仲)-천상성(天相星)

진국무성왕(鎭國武成王) 황비호(黃飛虎)장군-칠살성(七殺星)

가씨(賈氏)부인-태음성(太陰星)

봉어성중간대부(奉御宣中諫大夫) 비중(費仲)-염정성(廉貞星)

비간(比干)-태양성(太陽星)

서백후 희창-천동성(天同星)

백읍고(伯邑考)-자미성(紫微星)

무왕(武王)-무곡성(武曲星)

강자아(姜子牙)-천기성(天機星)

마천금-거문성(巨文星)

이천왕-천량성(天梁星)

이 부분에 대해 끊임없이 상상하고 이해하고 연구해야 자미두수의 깊은 의미를 얻게 됩니다.

12궁과 신궁의 역할

12궁과 신궁의 기본의미

가. 명궁(命宮)

　명궁에서 볼 수 있는 것은 무엇일까요? 바로 그 사람의 타고난 '에너지' 입니다. 명궁에 배치되어 있는 14주성은 그 사람이 타고나 겪는 위험과 복록에 대처하는 성향을 나타내 주는 것입니다. 그러므로 '주성의 성격과 그 사람의 사상과 행동패턴이 비슷하다' 라고 비유 할 수 있는 것입니다.

　명궁에 들어서는 14주성은 자미두수 전설에서 나오는 주인공들과 비슷한 성향을 가지게 됩니다. 만약 파군성이라면 이성의 유혹에 약한 독선자적인 면모를 보인다든지, 거문성이 명궁에 들어서면 강자아에게 바가지를 긁는 마천금처럼 타인을 비평하거나 의심, 구설, 시비의 성향을 가지게 되는 것처럼. 그런 별의 성격이 명궁에 들어간다면 이 사람의 행동의 습관과 생각의 패턴, 삶의 태도가 비슷한 면이 많아집니다.

　이처럼 명궁하나로 판단할 수 있는 것은 상대방의 가장 기본적인(타고난 성향의) 가늠의 잣대가 되는 것입니다.

　명궁에 관하여 가장 기본적으로 판단해야 할 것은 14주성이 길성, 흉성인가 보다 밝기의 상태를 더욱 중요시해야 합니다. 다시 파군을 예로 들자면 묘(廟-아주 밝은)한 상태라면 은나라 초기 때의 주왕처럼 강한 리더십과 정복력, 지배력, 행동력이 있겠지만 만약 함(陷-아주 어두운)에 들었다면 은나라 후기(주왕이 달기를 만난 이후)처럼 그 파군은 엉뚱한 곳으로 달린다든지, 상황이 좋지 않을 때 사업을 하여 실패한다든지 타인의 조언을 무시하고 독단적인 행동을 하다가 질타를 받는 결과를 만들어 내게 됩니다. 또한 명궁의 14주성에서 나타나는 별의 영향은 부모의 품에서 벗어나는 시기인 세 번째 대운부터 대운 명궁의 별과 함께 발현되는 경우가 많습니다. 그러므로 19세 미만의 경우에는 오히려 복덕궁의 정신세계적인 표현이 더 잘 들어맞는 경우가 많습니다.

명궁은 명주(命主)가 어떤 사람인지를 보여주는 궁으로써 별의 '밝기'와 '록권과기'를 신중하게 파악해야 하는 '궁'입니다. 밝기만 본다든지 록권고기만 본다든지 하는 경우는 한쪽의 신발을 벗고 절뚝거리며 걷는 것과 다를 바 없습니다. 또 이처럼 중요한 명궁의 양옆에는 협궁(協宮, 양쪽에 붙어있는)이 있습니다. 바로 부모궁과 형제궁이죠. 이 양쪽 궁은 명주가 2번째 대운일 때 까지 강한 영향을 주게 됩니다. 어릴 때 부모님과 형제를 더 많이 만나며 부모의 경제력이 자신의 경제력을 뜻하기 때문입니다.

나. 부모궁(父母宮)

부모궁은 명궁의 옆에서 협궁이 됩니다.

명칭대로 부모를 뜻하는 궁이면서 직장상사, 또는 나를 이끌어 주는 사람 등을 뜻하며 상황에 따라 관록궁과 함께 판단해 거래처나 직장상사의 성향을 판단해 내는 기준이 되기도 합니다. 아무리 좋은 명반을 타고 태어나도 부모궁이 나쁜 경우(유년, 대운) 공무원의 사주에서 화류계로 빠지는 사주가 되기도 하는데 실제로 어렸을 때 부모의 교육과 환경에 따라 사람이 자라나는 모습이 다른 것과 같습니다.

부모궁은 명궁을 협하면서 명주가 어떻게 자라 날 것인가에 대한 암시를 나타냅니다. 물론 14주성의 포진에 따라 좋고 나쁨이 있지만 부모궁에 흉성이 많은 경우 부모를 잃거나 계부, 계모의 손에 자라기도 하며, 현대에는 조기유학 등으로 떨어져 사는 것으로 액땜을 하는 경우도 많습니다. 이처럼 부모궁은 명주가 어렸을 때는 명주의 기운을 가리고 있게 되고 명주가 사회로 나왔을 때는 가까운 직장상사나 거래처 등의 상황을 보여주며 명주의 운명에 때때로 중요한 상황을 나타내줍니다.

다. 형제궁(兄弟宮)

형제궁은 명궁을 기준으로 부모궁의 반대쪽에 협해있습니다. 그만큼 한 사람의 명에 부모와 형제가 끼치는 영향이 많다는 뜻입니다. 형제궁이 좋으면 형제간에 주고받는 것이 많고 형제궁이 나쁘면 형제가 재물을 강탈하는 명이 됩니다.(보증이나 유산문제) 또한, 이복형제가 있거나, 어렸을 때 유산된 형제가 있는 등, 형제궁의 흉성은 관심 깊게 살펴보아야 합니다.

자미두수 전서 등, 서적을 보면 형제궁에 들어있는 14주성에 따라 형제가 몇이고 이복의 여부 또는 화목관계를 중점적으로 서술하고 있지만 현대에서는 부모의 상황에 따라 유산, 또는 중절된 형제가 명주의 형제궁에 흉성으로 나타나기도 하며, 가끔은 형제의 직업이나 경제적 상황을 더 많이 내포하고 있을 때가 많습니다.

이러한 내용을 파악하기 위해 형제의 수보다 형제간의 사이가 어떠한지를 먼저 확인해야 합니다. 형제궁의 흉, 살성들이 유산된 형제를 뜻하는지 형제간의 형극을 뜻하는지를 알아보아야 하는 것입니다. 명주가 사회생활을 하는 나이대가 되면 형제궁의 의미가 늘어나는데 친형제의 의미에서 확장되어 선배, 동기의 의미를 포함하게 되며, 형제궁은 부모궁과 더불어 주변의 인맥을 살펴 볼 수 있는 사회적인 궁이 됩니다.

형제궁이 나쁘면 형제에게도 나쁜 일이 생기겠지만 형제가 실제 명주의 삶에 끼치는 영향이 없다면 동기나 선후배에게 손해를 입는 경우가 발생하기도 합니다. (요즘은 소규모 사업에서 동업자의 배신도 일어납니다.)

특히, 생시를 모르는 사람들의 생시를 찾기 위해 사용하는 가장 기본적인 궁이 부모궁과 형제궁인데 이 두 가지 궁은 선천적인 궁으로 자신의 선택에 따라 바뀌는 운명이 아닌 내가 선택할 수 없는 숙명적인 부분이기 때문입니다.

라. 복덕궁(福德宮)

복덕궁은 명주의 복록(福祿)과 수명(壽命)의 장단(長短), 업보(業報)와 정신세계, 얼굴의 생김새를 볼 수 있는 궁입니다.

복덕궁에 길성이 많으면 살면서 흉한 일을 당하지 않는 명이 되며, 흉성이 많으면 거의 일이 성사되어도 종국(終局)에 깨트리는 일을 많이 겪게 됩니다. 특히, 복덕궁은 명궁과 함께 14주성의 밝기가 중요한 궁으로 어떤 별이든지 어두우면 표면상 어두운 성격이 드러나기 때문입니다. 다양한 명주의 기호가 잡성으로 나타나기도 하며, 선조(先祖) 대부터 이어온 업보를 볼 수도 있습니다.

실제로 부모나 조부모 쪽에 무업(巫業)과 역학, 종교인이 있으면 음살성, 천무성 등의 무업이나 종교에 관련된 별들이 나타나는 경우가 많습니다. 정신세계를 나타내는 것은 14주성의 성향으로 판단해 볼 수 있습니다. 명주가 무엇을 중요시 하는지, 대인관계에 있어서 무엇에 상처를 쉽게 받는지, 어떤 패턴의 판단을 하는지를 알 수 있게 됩니다. 그만큼 복덕궁은 '무형(無形)' 즉 명주에게서 보이지 않는 부분을 판단 할 수 있게 해주기에 현실상 나타나지 않는 길흉의 사건들은 복덕궁을 참조해서 해석하는 것이 좋습니다. 복덕궁에 활동성이 강한 별들이 나타나면 외향(外向)적인 성격을 가지게 되고 정(靜)적인 형태의 별을 가지게 되면 내성적인 성격으로 나타납니다. 살기(殺氣)가 강한 별들이 들어서면 언어가 난폭하고 도화성들이 나타나면 이성에 대한 호기심이 강합니다.

복덕궁에 있는 별을 해석할 때는 그 별의 뜻 중에서 성향적인 면을 중심으로 살펴보시면 명주의 성격과 많이 닮아있음을 아시게 될 것입니다.

마. 부처궁(夫妻宮)

부부간의 애정도, 상호간의 기여도, 이혼과 재혼, 문란한 관계 등을 나타내는 궁입니다. 부처궁에 드는 별의 성향에 따라 어떤 형태로 살아가는지를 판단 할 수 있습니다.

부처궁에서 보는 삼방대궁은 배우자의 직업이나 상황을 유추 할 수 있으며, 과거에 이혼으로 판단했던 별들도 현대에서는 '별거' 또는 '기러기 부부' 등으로 재해석되기도 합니다.

이 궁에 드는 별들은 상당히 예민한 별들로 선천궁의 부처궁이 좋아도 대운궁의 부처궁이 나쁘면 현실적으로 상당히 좋지 않은 부부운을 보여줍니다. 특히, 고진, 과숙 등의 잡성이 14주성보다 더 강한 영향을 미치는 경우가 많습니다. 그것은 부브간의 감정적인 영향 때문인데 감정에 영향을 미치는 별들이 들었을 때는 선천궁과 상관없이 흉한 일들이 일어나고는 합니다.

더구나 남편의 브처궁에서 부인요절(夭折)의 상황이 코이는 경우에 부인의 명에서 명이 위험한 별들이 비친다면 부인이 요절하는 등 부부간에 상호작용을 일으키는 궁입니다. 그러므로 결혼한 사람들은 항상 부브의 명을 같이 살피는 것이 좋습니다. 선천의 부처궁은 본인의 인생에서 배우자의 성향을 보여주며 대운과 유년운의 부처궁은 그 시기의 배우자 성향을 추정해 볼 수 있습니다.

또한 부처궁은 대궁의 영향을 많이 받게 됩니다. 남자의 관록궁이 약해도 직업이 좋으면 부처궁에 내조의 별이 많이 들고 관록궁이 좋아도 살기가 힘들거나 금전적으로 힘들어한다면 부처궁에서 관록궁의 기운을 써버리는 경우가 많기 때문입니다.

바. 전택궁(田宅宮)

전택궁은 명주의 부동산소지 여부와 물려받는 유산의 유무(有無)를 나타내는 궁으로 길성과 흉성의 영향이 많이 나타나는 궁입니다. 전택궁에 협(協)해있는 복덕궁의 영향으로 부모로부터 물려받는 재산의 정도를 함께 나타내며 반대쪽으로 협해있는 관록궁과 연결되어 직장의 상황을 보여주기도 합니다. 이렇듯 자미두수에서는 독립된 궁의 '별' 만으로 해석하는 것 아니라 좌우의 영향을 공유(共有)하는 궁의 '별' 도 참조해야 합니다. 전택궁에 독립의 별이 강하면 자수성가(自手成家)할 가능성이 많고, 전택궁의 별이 너무 크고 공망성들이 함께하면 대운(大運)에 따라 일시적으로 부동산이 증가했다가 모두 사라지기도 합니다. 또한, 관록궁에 공망성이 많은 사람이 전택궁이 밝으면 부동산업자로 많은 돈을 벌기도 하고, 전택궁이 나쁘면 직장의 상황이 좋지 않은 것을 볼 수 있기도 합니다.

조선시대를 비유하자면 당시에는 자신이 사는 마을을 떠나기 힘들었기에 전택궁이 불길하고 명반에 도화(桃花)가 창궐(猖獗)하면 남사당패가 된다든지, 도화없이 전택궁과 관록궁이 나쁘다면 타 지역에 머슴살이를 간다든지 하여 커다란 인생의 전환기가 되었지만 현대에는 잦은 이사, 해외출국 등으로 가택(家宅)의 길흉만으로는 판단 할 수가 없는 것입니다.

그러므로 현대에서 전택궁은 이사의 의미도 있지만 사업장, 또는 직장의 상황(규모, 재정)도 내포(內包)하고 있으며 항상 전택궁의 좌우협궁을 보면서 판단해야 하므로 전택궁이 불리하다고 해서 나쁘게만 볼 수는 없는 것입니다.

사. 자녀궁(子女宮)

자녀의 수, 또는 자녀와 명주간의 관계성, 그리고 자녀의 길흉을 보는 궁입니다.

자녀를 갖지 않는 경우 이 궁은 미혼남녀의 재물궁으로 보조적인 판단을 할 수도 있습니다. 자녀궁에 흉성이 들면 자녀가 장애가 있거나 이복의 자녀를 키우게 됩니다. 그렇지 않은 경우, 현대에서는 감정적으로 부딪치는 경향이 많은데 만약 흉성이 가득한데도 나쁜 일이 일어나지 않고 있다면 유학 등으로 부모자식 간에 떨어져 사는 것으로 액땜하는 경우도 있습니다. 자녀궁에 길성이 들면 자녀가 부모와 정이 많고 잘 따르며, 가족을 지키는 힘이 있어 부모나 형제에게 생기는 나쁜 일을 막아주기도 합니다. 이처럼 가족 운은 톱니바퀴같이 서로 물려가는 것을 볼 수 있습니다.

아. 관록궁(官祿宮)

관록궁은 명주의 직업, 회사, 명예 등을 재어보는 척도(尺度)입니다. 전업주부의 경우 부처궁과 함께 조합하여 남편의 재력(財力)과 직업을 확인 할 수 있기도 한 궁입니다.

관록궁의 별들을 해석할 때 항상 주의해야 할 것은 '직업군' 입니다.

어떤 별이 어떤 성격의 직업을 가지고, 어떤 별은 어떤 직업을 가지면 길하며, 반대되는 직업을 가지면 흉한지를 먼저 살펴야 합니다. 그러므로 관록궁에 '흉성이냐 길성이냐?'를 찾기 이전에 항상 '명주가 무슨 일을 하고 있는가?'를 먼저 살펴야 하며 '관록궁에 들어있는 별들의 성향과 상대방의 직업이 얼마나 연관성이 있는가?'를 주요관점으로 삼아야 합니다. 그러나 14주성이 어두운 경우에는 '록권과(祿權科)'가 지 만나지 못하면 방황을 면치 못하며 선천의 관록이 어두워 힘을 발휘하지 못하면 각 대운 중에서 관록궁이 안정되어 있는 때에만, 명주의 직업이 안정됩니다. 관록궁만큼은 관록궁 하나로만 판단해서는 안 되며, 항상 명궁으로부터 삼방대궁, 그리고 대운의 삼방대궁, 유년운의 삼방대궁을 보며 고려해야 합니다.

특히, 경양성이 관록궁에서 어두운 경우에는 자신의 직업을 자신이 발로 차버리는 어이없는 일이 많이 발생하므로 명주에게 설명을 잘해야 하는 부분입니다. 물론 경양성이 필요한 직업을 가지고 있다면 말할 필요 없이 길하겠지만(경찰, 무술가 등) 경양성이 어두우며 관련 없는 업종을 하고 있다면 '직업을 쉽게 버리고 불평한다.' 라고 판단합니다.

또 하나의 관점은 90%의 명주가 '이 별이 들면 나쁘다' 라고 하여도 10%의 명주는 그별이 좋게 발현되는 경우가 있습니다. 이 경우는 10%의 명주는 그 흉함으로 직업을 삼고 있기 때문입니다. 그러므로 관록궁에 대해서는 명주와 상당한 커뮤니케이션을 하면서 해석해야 하는 것입니다.

자. 재백궁(財帛宮)

재백궁은 명궁, 관록궁과 함께 삼방에 속하는 중요한 궁입니다. 명주의 재력을 측정하며 이성운까지 재어 볼 수 있습니다. 재백궁은 길성만 들어서 좋은 것이 아닙니다. 자미두수의 명반 특성상 길성이 들면 좌우 협궁에는 이 운을 빼앗아 가는 흉성이 같이 포진되기 때문입니다.

평생운에서 보이는 길성을 각 대운에서 어떻게 지키고 있는지를 관찰하지 않으면 부자(富者)의 재백을 가지고 끼니를 굶는 사람을 찾아내지 못하게 됩니다. 그렇지 않다면 무수하게 깔려있는 중소기업 사장출신 노숙자를 어떻게 판단 할 수 있겠습니까? 재백궁은 특이하게 가짜 재운과 진짜 재운이 있는데 이것은 선천운보다 대운의 영향으로 발생하고, 이에 따라 좋은 선천 재백궁이라 하여도 거덜 나며, 나쁜 재백궁도 일시적으로 부귀(富貴)를 누리기도 합니다.

그래서 재백궁은 연약하고 지키기 힘들며 변화무쌍(變化無雙)한 궁이라 말 할 수 있습니다. 특히, 남자에겐 재백궁은 부처궁이나 자녀궁을 연동(連動)시켜 첩(妾)을 발생시키는 경우와 돈 대신 자식을 얻게 되는 변화를 주기도 합니다. 그래서 남자가 돈을 벌 때는 여자가 주변에 모이게 되고, 이 운에 직업에 집중하지 못하고 도화에 휩쓸리면 파재(파(破財)의 쓴맛을 보기도 하는 것입니다.

차. 노복궁(奴僕宮)

노복궁이란 말 그대로 내가 부리는 사람, 사회적인 아랫사람에 대한 운을 보는 것입니다.

명궁의 삼방대궁이 아무리 밝아도 노복궁이 명궁보다 강하거나 노복궁이 흉하면 아랫사람의 배신으로 일의 터전을 잃게 됩니다.

또는, 회사에서 상사 흉이라도 아랫사람과 함께 보면 다음날 회사에 모두 소문이 나버리는 일이 벌어집니다.

노복궁의 별은 명궁이나 관록궁의 별에 기운이 넘지 않는 별들이어야 좋습니다. 천량성처럼 관리감독 하는 별이 어두우면 친할 땐 명주의 행동을 봐두었다가 결정적일 때 배신하면서 명예를 훼손시키기 때문입니다. 사업을 하는 사람일수록 노복궁을 중시해서 봐야 하는데, 관록궁이 약하거나 대운이 약할 때 노복궁에서 반란(反亂)을 일으킬만한 별이 감지되면 반드시 노복으로 인해 고통을 받게 되는 경우가 많습니다.

노복궁은 30대 이전보다 40대 이후부터 더욱 많은 영향을 끼치는데 그 이유는 사람이 살아가면서 사회성이 넓어짐에 따라 그만큼 길흉의 발생 확률이 높아지기 때문입니다. 그러므로 창업(創

業)을 상담하는 명주를 만나면 항상 주시하여 조언(助言)을 해야 하는 궁이 바로 노복궁입니다.

카. 질액궁(疾厄宮)

질액궁은 건강상태를 나타내는 궁으로 명주의 질병을 보여줍니다.

암(癌)의 유무와 타고난 신체의 약한 부분 등을 보여주며, 사고로 인한 질병을 보여주기도 합니다. 현대에는 의학의 발달로 병으로 죽는 경우가 적어 '명(命)'에 영향을 주는 것보다 단순히 질병(疾病)과 사고에 따른 변화만 보여주는 경우가 많습니다.

가령 탐랑성 같은 별이 질액궁에서 어둡게 비치면 성병(性病) 등의 생식기질환(生殖器疾患)으로 판단했지만 현대에는 자궁(子宮)의 실기(失氣)현상으로 임신(姙娠)을 못하게 되거나 자궁근종 등 현대에 많이 발생하는 질병으로 변화되어 가고 있습니다.

천동성 같은 길성이 질액궁을 비추면 안전한 듯싶지만, 실제로는 천동성의 고요하고 끈질기며 겉으로 드러나지 않는 성향이 고질(痼疾)병을 암시해 악성고질병을 달고 살기도 합니다. 그래서 질액궁의 발병과 치료, 병의 종류는 앞으로도 많은 변화에 맞추어 대응하면서 적용해야 하는 부분입니다.

타. 천이궁(遷移宮)

천이궁은 대외(對外)궁으로 명주가 처한 사회적인 환경 등을 나타냅니다. 천이궁은 대궁인 명궁과의 조화가 중요합니다.

천이궁은 명궁이 띠는 성향을 받아주거나 조력해주는 별의 조합이 되어야 명주가 활동하기 좋은 시기에 태어났음을 보여주는 것입니다. 명궁에 대해 강한 천이궁이라면 사회에 억눌려 지낼 수도 있고, 기회를 얻기 힘들며, 이 때문에 실력은 있으나 등용(登用)되지 못하는 일이 생기기도 합니다.

특히, 천이궁에 역마의 상징인 천마(天馬)가 들어온다면 이 명주는 해외(海外)에서 사는 확률이 높아지거나 분주하게 살아가므로 집에 들어갈 틈이 없는 경우가 많습니다. 천이궁은 역마성인 천마에 민감한데 천마가 대운천마 유년천마와 중첩(重疊) 될 때 타지(他地)로 떠날 확률이 높습니다.

명주가 신규 사업을 논할 때는 그 대운의 천이궁의 상황을 파악하는 것도 중요합니다. 이는 IMF상황 같은 사회적인 면을 보여주는 경우가 많아서, 천이궁이 좋지 않으면 성공한다고 해도 고생을 하면서 성공에 이르게 됩니다. 또한 대외의 기운으로 측정할 때는 경양 칠살 등의 살성(殺星)이 어두운 상태에서 명궁을 바라보게 되면 사회적인 적이 많은 운으로 판단 할 수도 있습니다.

파. 신궁(身宮)

신궁은 사실 명궁 다음으로 중요한 궁이지만 사실 통변(通辯)할 때는 애매한 경우가 많습니다. 이 신궁은 명주의 현실적인 면, 즉 외부로 드러나는 면을 대표하고 외모의 특징이나 행동의 성향을 보여줍니다. 때로는 궁의 명칭에 따라 명주의 삶의 기준이 무엇인가를 살펴보기도 합니다. 가령 신궁이 부처궁에 내려앉으면 결혼이라는 인생의 이벤트에 메어 부인의 귀천(貴賤)에 따라 자신의 운명도 귀천해지기도 합니다.

신궁과 명궁이 동궁하면 외면과 내면이 같아 감출 말, 안할 말 모르고 상대에게 쉽게 상처 주는 말을 하는 직설적이며 꿍꿍이를 부릴 줄 모르는 성격이 됩니다. 그러나 본인은 정작 상대가 왜 상처를 받는지를 이해하지 못하는 일이 많습니다. 또한, 질액궁에 흉성이 없어도 신궁에 흉성이 많은 경우 흉터나 장애(障碍)가 있기도 하며 명궁이 안전해도 신궁과 복덕궁, 재백궁이 불리해지는 경우에 명주가 사망(死亡)하기도 합니다.

명궁이 타고난 정신적인 성향과 삶의 태도를 보여준다면 '신궁은 신체적인 조건과 생활의 외향적 반응을 나타낸다.' 라고 이해하시면 쉬울 것 같습니다.

12궁에 대한 이해

이제 궁에 대한 마무리 단계의 글입니다.

지금까지 궁에 대해 말씀드린 것은 모두 표준적인 내용들입니다. 하지만 지금부터는 홍성파 자미두수가 보는 궁의 관점(觀點)에 대해 이야기 해보겠습니다.

먼저 선천궁과 대운궁과 유년궁을 모두 같이 해석하려고 한다면, 자미두수가 가진 묘수(妙數)를 이해할 수 없습니다. 선천궁과 대운궁, 유년궁은 서로 같은 궁의 이름을 사용해도 각각의 영향이 다르게 됩니다. 가장 먼저 선천의 궁을 짚고 넘어가자면, 선천궁이 가진 별들의 에너지에는 변함이 없습니다. 그러므로 그 선천궁에 배치된 모든 내용들은 불변합니다.

부모궁은 온전히 부모를 뜻하고 형제궁은 피를 나눈 형제를 뜻하며, 부처궁은 나의 배우자 운을 상징하게 되는 것입니다. 하지만 대운궁에서는 그 궁의 의미가 다르게 변하는 것입니다. 대운궁에서의 부모궁은 부모뿐만이 아니라 사회적인 '나를 이끌어 주는 윗사람'을 함께 포함(包숨)하게 됩니다. 물론 형제궁도 대운의 형제궁부터 아랫사람을 제외한 '사회적인 동료와 친구'들의 의미를 포함하게 되는 것입니다.

부처궁은 어떨까요?

부처궁도 '결혼을 한 시점으로 부터 해당 대운에 함께 하고 있는 사람'과의 영향을 잴 때 사용하는 것이 됩니다.

그러니까 선천부처궁이 세 번 결혼할 사람이라면 3대운의 배우자가 다르고 4대운의 배우자가 다르고 5대운의 배우자가 다른 경우도 있다는 것입니다.

궁에 대해 이렇게 배웠는데 왜 이렇게 해석하시나요? 라는 질문의 해답입니다. 선천궁의 개념으로 대운궁을 해석하고 유년궁을 해석하면 한 사람의 운명이 7대운의 명반에 따라 70회를 구미호처럼 변신을 해야 합니다.

더불어 말한다면 선천명궁의 주성은 죽을 때 까지 불변(不變)하는 것입니다. 그렇다면 대운명궁에 들어있는 별은 어떻게 받아들여야 할까요? 바로 '그 대운에서의 사용에너지와 환경에너지' 로 판단하는 것입니다.

가령 자미, 문창이라는 별이 명궁에 들어 그 사람이 많은 공부를 하고 지냈다면 거문이 명궁에 들어가는 대운이 되었을 때, 자미가 거문으로 변신하는 것이 아니라 '자미가 거문의 에너지를 얻어 활용한다.' 라고 해석합니다.

그러므로 자미, 문창이 거문대운에 들어가면, '자신의 학식(學識)으로 강의를 한다.' 또는 '사람들에게 설교(說敎)나 상담(相談)을 한다.' 로 해설을 할 수 있는 것입니다. 자미두수를 공부하는 초보자들이 제일 어려운 것이 이런 이해의 부분입니다. 격국을 먼저 익히면 위와 같은 궁의 변화와 별의 개념(概念)조차 잡지 못하고 좋은 격국과 나쁜 격국만 외우고 통변(通辯)하려고 하기에 그 통변이 사람들에게 적용될 수 없는 것입니다.

제가 늘 블로그나 자미두수 강좌에서 이야기 합니다.

"궁을 바로 세우고 궁을 이해(理解)하고 그것을 완전히 알게 된다면 궁의 경계(境界)가 사라진다."

변화무쌍한 궁의 경계를 바로 이해해야만 그 경계가 없이도 해석을 하는 단계가 찾아옵니다. 그것이 나중에는 자미두수 명반 6조만 가지고도 아무것도 필요 없이 논명하는 단계가 되는 것입니다. 지금 이렇게 올려드리는 단계는 여러분이 자미두수를 배우는 단계 중에 아주 바닥의 단계입니다. 이 단계를 공부하는 사람은 '오행(五行)'이나 '천간지지' 등을 공부할 필요조차 없습니다.

이것이 자미두수의 단계 중 가장 낮은 단계라 그런 일반적인 역학의 기본조차도 적용되지 않는 단계이기 때문입니다.

궁(宮)의 시간(時間)

일 년씩, 또는 십 년씩 시간의 흐름을 보기 위해서는 12궁의 아래에 표기하는 12지지(地支)를 알아야 합니다. 이 지지에 대해서는 초급에선 오행과 지지의 특성을 이해하려고 하지 않는 것이 좋습니다.

나중에 궁을 보고 주성과 각종별을 보는 시야가 넓어졌을 때 그때 그 특성과 조화(調和)를 스스로 연구해도 되는 것입니다. 지금은 그 12지지가 시간의 흐름을 알려주고 있음을 확실하게 인지해야 합니다.

12지지는 아시는 바와 같이 子(자), 丑(축), 寅(인), 卯(묘), 辰(진), 巳(사), 午(오), 未(미), 申(신), 酉(유), 戌(술), 亥(해) 의 순서를 가지고 있습니다. 이순서는 자미두수의 12궁에 항상 이렇게 배치됩니다.

巳	午	未	申
辰			酉
卯			戌
寅	丑	子	亥

위 그림처럼 寅에서 卯순의 방향으로 순서대로 丑까지 흘러갑니다. 12궁을 시계방향으로 계속 1년씩 회전합니다. 그러니까 2010년이 경인(庚寅)년이면 寅궁, 다음해는 2011년 신묘(辛卯)년이므로 卯궁으로 각 해의 지지에 맞추어 계속 회전(回轉)하는 것입니다. 그러므로 그 해의 지지만 알고 있으면 궁의 흐름을 따라서 볼 수 있게 될 것입니다.

장생십이신(長生十二神)

장생십이신(長生十二神)은 자미두수의 12궁이 순환(循環)하며 생사(生死)의 과정을 나타내는 것으로 별에 영향을 끼치는 것보다. 그 궁 자체에 끼치는 영향이 많습니다.

장생십이신은 다음입니다.

태(胎)-양(養)-생(生)-욕(浴)-대(帶)-관(冠)-왕(旺)-쇠(衰)-병(病)-사(死)-묘(墓)-절(絶)

위의 12가지 기운이 궁을 순환하며 각 궁의 강약(强弱)을 보여준다. 특히 유년운의 기운(氣運)을 확인할 때나 대운의 기운순환을 확인할 때 사용합니다.

장생십이신의 12가지를 살펴보면

태: 기운의 시작

양: 기운의 자라남

생: 태어나고 시작됨

욕: 욕구의 시작(도화궁의 성격)

대: 성년처럼 성장함

관: 명예와 출세 사회진출, 사회성의 시작을 알림

왕: 번영과 활동 자라남

쇠: 기운이 약해지면서 활동력이 줄어듦

병: 쇠약을 상징하며 휴식을 필요로 함

사: 휴식과 마무리, 기운의 상실

묘: 기운을 묻어 겉으로 드러나지 않음

절: 순환이 끝나고 새로운 것이 나타나기 전까지의 분기점

위의 장생십이신이 각 궁에 앉아 궁의 기운을 조화시키는 것만으로도 같은 명반을 가진 사람들이 시기를 놓치고 잡고를 구분할 수 있으며, 이에 따라 적절한 조언을 찾아낼 수 있는 것입니다.

별들에 관한 해설

14주성에 대한 홍성파 해설

처음부터 자미두수전설을 지루하게 써내려갈 정도로 '14주성'에 대해서 많은 이야기를 해드렸습니다. 그만큼 자미두수에서 14주성이 중요하기 때문입니다.

자, 여기에서 한 가지 짚고 넘어 갈 것이 있습니다.

14주성은 실성(實星)이 아닌 허성(虛星)입니다. 허성이란 존재하지 않는 별이라는 것입니다. 그럼 14주성의 정체는 무엇일까요? 밤하늘의 별도 아니고 전설속의 별이면서 실제로 기운은 움직이지만 물질적이지 않은 존재!

네, 바로 그겁니다. 14주성은 '에너지' 입니다. 기운이라는 것입니다. 하지만 사람의 일을 설명해야 하고 성향과 생로병사, 흥망성쇠를 설명해야 하기에 그 기운(에너지)에 전설의 인물을 붙여 대응(對應)해서 설명한 것입니다. 그래서 "가짜를 빌어 진짜를 배운다."라는 말을 하는 것입니다. 다시 말해서 14주성은 '그러한 성향을 가진 에너지'를 이야기 하는 것입니다. 이 이야기는 기초지식을 끝낸 후에 명반의 통변과정에서 충분히 다시 설명을 드리겠습니다.

14주성은 다음과 같은 각각의 성격을 지닙니다.

1. 자미성(紫薇星)

자미성은 자미두수에서 가장 중심이 되는 별입니다.

자미두수 전설에서는 달기(貪狼星)가 씌운 누명으로 주왕(破軍星)에게 죽은 '백읍의 별' 입니다. 자미성은 문왕의 아들이었던 백읍(王族)처럼 체면(體面)을 중시(重視)하고 선비와 같으며 타인의 마음을 존중(尊重)하려고 노력하나 자신을 기준으로 판단하기 때문에 타인의 눈에는 이기적으로 비추어 지는 경우가 있습니다. 고상한 것을 좋아하며 존중하는 것이 아닌 '받는 것'을 좋아합니다.

남자의 경우 부모궁과 형제궁이 좋을 때는 명예(名譽)가 높아지는 명으로 형성(形成)되지만, 부모궁와 형제궁이 나쁠 때는 자존심만 높고 현실을 부정(不貞)하는 명이 됩니다.(히키코모리중에도 자미성이 많습니다.) 창작(創作)과 디자인, 경예, 정치(政治), 공직(公職)에 관련되거나 신비주의, 의술(醫術), 음악, 역학(易學) 등, 자기 자신을 조용히 드러내는 것을 좋아합니다. 그러나 자기PR하는 면이 부족하여 주변에서 스스로 알아주기를 바라는 바램이 강한별이기도 합니다.

자미성처럼 제왕의 기질을 가진 별들의 중요한 판단점은 '보좌성들의 배치상태가 어떤가?' 입니다.

심한 경우, 삼방대궁에 보좌성이 없으면 좋은 별이 흉한 별로 바뀌어 고독(孤獨)한 운명이 되기도 합니다. 현실에 자신을 보좌해줄 사람이 없으면 강제로라도 그런 운을 만드는데 그런 경우중의 하나가 장애인이 되어 타인의 보조(補助)를 받는 경우를 이야기 하는 것입니다. 또한 전설에서 보이는 것처럼 '선비' 적인 영향 때문에 자미성은 특히 '도화(桃花)' 의 성격을 가진 별에 약합니다. 이런 경우 도화성과 마주 할 때, 그 본질이 쉽게 혼탁(混濁)해지며 본래의 기능을 잃고 방황합니다.

그러므로 자미성은 삼방대궁 안에 도화성이 얼마나 배치되어 있는 지를 잘 살펴야 합니다. 자미성이 도화성으로 인해 혼탁해지면 이기적으로 돌변(突變)하거나 체면치례하다 파재를 맞이하거나 상식 밖의 행동을 하기도 합니다. 자미성과 도화성이 동궁 했을 때는 그 상황을 제어 해주는 별들을 찾아야 하며 각 대운과 유년의 도화성들을 관심 있게 살펴야 합니다.

2. 천기성 (天機星)

자미두수 전설에서 강태공(姜太公)을 상징하는 별로 기획(企劃), 정리(正理), 운영(運營), 계산(計算), 머리를 쓰는 일에 유능(有能)합니다. 또한 역학 등, 신비학(神秘學)에 취미를 갖기 쉬우며 종교계(宗敎界)로 빠지는 경우도 있습니다.

천기성은 별 자체의 밝기에 상당히 민감(敏感)합니다. 밝기가 밝으면 명석(明晳)한 두뇌로 좋은 일, 또는 많은 일들을 정확하게 해결하며 좋은 기운을 끌어 쓰지만 밝기가 어두우면 그 머리를 쓰는 것이 이기적이 되거나 타인을 속이려 들게 됩니다. 그렇다고는 해도 정작 본인은 자신이 그것이 잘못 된 줄 모르기에 타인을 비방(誹謗)하는 것이 더욱 강해집니다. 또는 이렇게도 저렇게도 못하는 방황하는 운을 맞이하게 되어 혼자만의 세계에서 강태공이 낚시하듯 숨어버리기도 합니다. 다행이 어떤 학문(學文)이나 연구(硏究)에 심취(深醉)하면 깊이 파고드는 속성이 있어 그 경우에는 천기성의 어두움을 '해액(解厄, 나쁜 것을 풀어버리는)' 하기도 합니다.

천기성이 어두울 때는 반드시 전후(前後) 3년간의 운을 살펴 길흉을 판단해야 하는데, 이전 유년궁에 파군성 등이 행동력을 부가(附加)하고 있다면 실행했던 일들이 천기성이 든 다음 해에 잘못되는 일이 생기고는 합니다. 천기성은 강태공(68세 이후에 발탁

되는)처럼 기회가 늦게 찾아오는 대기만성(大器晩成) 형이 될 수도 있으며, 또한 자신을 이끌어줄 인연(因緣)을 만나기 전까지 방황을 하게 되기도 합니다.

천기성이 들어있는 성계(星界) 중에 '기월동량(천기, 태음, 천동, 천량을 삼방과 대궁에서 만나는 조합)'처럼 큰 회사의 직원이 되거나 공구원(公務員) 등 어느 곳에 속해 있으면 그 능력을 발휘하지만, 보호해주는 윗사람이 없을 때는 성공 앞에서 타인의 시기로 좌절되는 쓴 맛을 보기도 합니다. 그러므로 천기성이 명주에게 좋은 배합(配合)이 되려면 좌보, 우필, 천괴, 천월, 문창, 문곡, 화과(化科) 등 도와주는 보좌성과 윗사람의 운을 삼방대궁 안에 함께 가지고 있어야 좋은 것이라 할 수 있습니다.

또, 천기성은 영원한 2인자의 별입니다.

그래서 직업으로 따지게 되면 공장의 사장이 되어있다고 해도 결국 큰 회사의 자매회사(姉妹會社)가 되어있거나 작고 꾸준한 이익이 보장되는 조그만 가게를 하는 경우가 많습니다. 그러나 어둡거나 흉성과 함께하면 '자신의 지혜로 윗사람이 이익을 혼자 본다.'라고 쿨평하며 윗사람을 버리고 독립하는 경우가 많은데 이 경우에는 거의 몰락(沒落)하게 됩니다.

3. 태양성 (太陽星)

태양성은 자미두수 전설에서 은나라 주왕의 충신인 '비간'입니다. 이별은 남성향의 별이면서 명예의 별, 그리고 배풀고 보살피는 별이 됩니다.

태양의 본질을 생각 해 보면, 태양은 자신의 빛으로 주변의 별들을 밝혀주는 기능을 합니다. 그처럼 태양성은 주변에 자신의 것을 베푸는 성질이 강하며, 어둠을 밝히는 힘 또한 매우 강합니다. 그래서 태양이 밝으면 12궁에 들어선 전체 흉성의 흉함을 덜하게 만들어 주며, 어두우면 그런 기능이 약해져 그 도움을 조금밖에 받지 못합니다.

태양의 그런 기능은 명주의 직업상황에 따라 좋게도 또는 나쁘게도 작용합니다. 만약 직업이 의사(醫師), 강사(講師), 교사(教師), 사회사업(社會事業), 시비를 가리는 법률(法律)관계 등 이라면 그 태양의 힘처럼 어둠을 밝혀 시시비비(是是非非)를 가리고 베푸는 힘으로 타인을 가르쳐 자신의 명예를 높이지만, 직업이 기술자나 명예가 없는 쪽으로 가면 타인으로부터 명의나 금전을 빌려주고 돌려받지 못하는 피해를 입거나 쓸데없이 부탁만 많이 받게 됩니다. 만약 태양이 함(陷)지에 들어 빛이 없다면 헛된 명예를 쫓거나 자신의 명예를 스스로 포기하기도 하며 명예는 있으나 실속이 없는 경우가 생기고 일시적인 명예만 얻게 됩니다. 마치 거울이나 물에 비친 태양처럼 빛은 있으나 열기가 없는 것과 같은 말이 되는 것입니다.

여자의 경우, 명궁에 태양성이 밝게 들면 남성향(性的中性化)이 생기게 되며 여성의 질병궁에서는 불감증(不感症)이 있기도 합니다. 보통 유년 재백궁 등에 일시적으로 화록(化祿)이 되면 우연한 돈을 불러들이며 도박이나 주식 등에서 잠깐 돈을 따기도 합니다. 태양은 잡성 중에 천주성과 함께하면 요리를 잘하게 됩니다. 태양의 밝기에 따라 음식점의 형태도 바뀌게 되는데 묘에 해당하면 큰 음식점이나 주방에 해당하고 함이면 불을 많이 사용하지 않는 커피숍이나 스넥위주의 음식점이 될 가능성이 높습니다.

또는 자신의 주방(廚房)이 아닌 타인의 주방에서 음식을 만드는 것으로도 봅니다.

4. 태음성 (太陰星)

태음성은 달을 뜻하며 자미두수 전설에서 황비호 장군의 부인인 가부인을 뜻합니다. 태양성과는 다르게 부인이 남편에 대하듯 관리하고 보살피는 기운이 강합니다. 그러므로 달기와 같은 아름다움이 있지만 태음성의 가부인은 아내와 젊은 어머니로써의 아름다움을 더 내포하고 있는 것입니다.

작고 꾸준한 '월급' 같은 재물을 뜻하고 있습니다. 또한 달과 같이 감성(感性)이 많아 예술적 재능이 있으며, 드러나지 않는 아름다움을 내포하고 있어서 달과 같이 조용하고, 화려하지 않고 정숙하게 아름다우며 불의를 보는 것을 불쾌히 합니다. 그러나 태음성이 어두워지면 구름에 가려진 달처럼 비밀이 많아지며, 거짓말이 늘어나게 되고, 타인이 보기에 도무지 속을 알 수 없게 하며, 거짓이 밝혀지면 어둠속으로 숨어버리거나 현실을 도피하게 되는 성격이 됩니다. 아무리 선의(善意)의 거짓말이라 해도 그 양(量)이 많아지면 더 이상 선의가 될 수 없음과 마찬가지 입니다.

또한 부모궁에 태음성이 들면 모계(母系)가정을 뜻하게 되며, 그 태음성이 어둡거나 흉성을 만나면 어머니 쪽의 고생과 인생의 험난함을 이야기 합니다. 태음성의 사람을 상담에서 맞이했을 때 상대에 대해 조심해서 이야기 하지 않으면 맞는 사실도 '아니다.' 부정하여 논명을 흐리게 만드는 경향이 있습니다. 그러므로 태음성과 상담을 할 때는 상대의 심정(心情)을 존중하여 상대가 스스로 인정할 수 있는 부분만 이야기 하는 것이 좋습니다. 태음성은 흉성에 대해 쉽게 침범(侵犯)을 당합니다. 흉성의 기운을 해액하기보다는 도피(逃避)해버리는 별로 흉성에 약하니 삼방대궁에 '살기가 있는 별이 있는가?'를 살펴야 하며, 특히 공망성이 들어올 때는 다른 별보다 더 그 재물을 지킬 수 없음을 알아두어야 합니다. 태음성은 도화성이긴 하지만 일방적인 도화성이므로 짝사랑 등 말 못할 사랑에 빠지기 쉽지만 이 역시 상대에게 들키면 숨기 마련입니다.

5. 무곡성(武曲星)

무곡성은 자미두수전설에서 은나라를 멸망시킬 때의 주나라 왕이었습니다. 문왕의 둘째 아들이며 백읍의 동생으로 무왕(武王)이 되어 강태공 등을 중용(重用)하여 국가의 힘을 키웠던 사람입니다.

무곡성은 대표적인 재운(財運)의 별이기도 하지만 그 재운의 운용(運用)능력 또한 탁월(卓越)해서 강직(剛直)하고 활동적이며 쉬지 않고 부지런한 별이고, 또한 활동적인 겉보기와 달리 속으로 부드럽고 인정(人情)이 많으며, 그로인해 우유부단(優柔不斷) 할 때도 생기게 됩니다. 무곡성인 무왕이 천기성인 강태공을 만나 주나라를 번영(繁榮)의 길로 이끌었듯이 무곡성은 천기성과 같은 기획(企劃), 계획(計劃)의 별이 밝아야 이 재운을 지키고 번영시킬 수 있는 것입니다. 특히 활동적이기만 한 이 별은 기획이 없으면 그 재물을 소비(消費)하여 보존(保存)하지 못하기 때문입니다.

그리고 무곡성의 약점은 사기(邪技)의 기운에 약한데 기획과 계획을 주도해주는 별들이 어둡고 나쁜 상태가 되어있으면 그 재운은 강탈(强奪)당해 한 순간에 재물을 모두 잃을 수도 있습니다. 특히 사화의 '기(忌)'에 약하고 동궁한 별의 사화가 '기'에 해당해도 역시 그 재물에 시비(是非)가 붙어 사라지게 됩니다. 이렇듯 길성이라 해도 그 재물의 지킴은 혼자서 할 수 없으며 재운을 지키는 것은 여러 별의 협조(協助)가 필요한 것입니다. 특히 무곡성처럼 활동성이 강한별인 경우에는 사람을 모아 일을 하고 재운이 강해졌을 때 모인 사람들 중 변절자(變節者)가 한 명만 생겨도 그 복을 강탈당할 수 있습니다. 그러므로 재운에 길한 이런 별일수록 좌우궁에 재물을 지켜 줄 별들이 있는지 확인하는 것이 가장 중요합니다.

6. 칠살성(七殺星)

칠살성은 자미두수전설에서 은나라의 장군이었던 황비호입니다.

그만큼 진취적이고 공격적(攻擊的)이며 독단적(獨斷的)인 면이 많습니다. 그러나 늘 경계(境界)심으로 쌓여 있는 별의 성격과는 반대로 내적으로는 의외로 약한 면이 많은데 대외적으로 강하면 가정적(家庭的)으로 문제를 해결하지 못하는 면(面)이라든지 강한 사람과 싸우는 것은 마다하지 않으나 자신보다 약한 사람이나 부하에게는 냉정(冷情)하게 처신(處身)하지 못하는 단점이 있습니다.

칠살성의 다른 표현은 7개의 칼이라고 생각하면 됩니다.

7개의 칼이란 칠살성이 닿는 궁의 성격에 따라 내가 칼자루를

쥐고 있는지 상대가 나에게 칼끝으로 노리고 있는지를 구분하게 되는 것입니다. 특히, 칠살성을 해액(解厄)하지 않은 상태에서 흉한 의미를 가중(加重)시키는 별들과 조합이 된다면, 그 칼끝은 명주를 반드시 다치게 만듭니다.

칠살성의 장점은 시류(時流)에 따라 냉정하게 분석하고 밀어붙이는 힘, 판단력(判斷力) 등이지만 칠살성이 어두우면 이런 면이 고집과 독선(獨善)으로 바뀌어 주변사람과의 인연을 쉽게 끊게 만듭니다. 그러므로 칠살성이 명궁에 있는 명주라면 현재 처한 상황에 따라 그 변화를 새롭게 예측해야한다.

그러나 대부분 칠살성이 명궁에 든 사람은 사주(四柱)나 운명(運命)을 믿지 않아 내담(來談)하러 오는 경우는 거의 드뭅니다.

7. 파군성(破軍星)

파군성은 자미두수 전설에서 은나라의 주왕입니다.

주왕이 달기를 만나기 전까지는 막강한 은나라의 정국을 운영했던 왕처럼 지휘(指揮)와 독립(獨立), 권력(勸力), 자존심, 명예 등을 쫓는 성격을 가집니다. 특히, 물질과 정신적인 측면을 모두 취하려 하는 성향이 있으며 자신이 한번 정한 방향은 주위사람의 설득으로는 바꿀 수 없을 만큼 고집도 강합니다. 그래서 파군성이 밝을 때는 자신의 신념(信念)에 따라 행동하며 출세(出世)와 성공(成功)을 하지만 파군성이 어두우면 잘못 된 곳으로 고집부리며 치닫는 성향이 있습니다.

또, 파군성은 한 가지를 성취하면 또 다른 것까지 성취하려고 일을 벌이는 성향이 있기에 한번 성공하면 여러 분야에 손을 대서부(富)를 축적(蓄積)하지만 실패하기 시작하면 이것저것 바꿔가며 계속 실패하는 경향도 있게 됩니다. 그로인해 주변에서 볼 때 긍정적인 면은 '다재다능(多才多能)한 사람'으로 볼 수 있지만 부정적인 측면에서는 '끈기가 부족한 사람'으로 보이게 됩니다.

고대사(古代史)의 전쟁국면(戰爭局面)처럼 쉽게 동맹(同盟)을 맺고, 쉽게 적국(敵國)으로 돌변하듯이 파군성은 동업(同業)도 잘하고 동업자와 잘 깨지기도 하는 성격을 가지고 있습니다. 여기에서 상당히 주시해야 할 점은 자미두수 전설처럼 주왕이 달기에 빠져 나라를 망치 듯 파군은 탐랑성과 같은 도화성을 만나면 주색잡기(酒色雜技)에 빠져 방황하고 인생을 망치는 경우가 많습니다.

파군이 어두우든 그 새롭게 시작하려는 힘이 약하다고 판단하는데 보통 그런 상황에서는 동업을 잘 하게 됩니다. 그로인해 어두운 파군은 '동업의 별'이라고 봅니다.

8. 천동성(天同星)

천동성은 자미두수 전설에서 자신의 아들인 백읍의 고기를 먹었던 문왕(文王)입니다.

천동성은 복성(福星)으로 문왕이 '백읍사건' 이전에 은나라의 속국상태를 유지해왔듯이 '좋은 게 좋은 것'이라는 의미가 있으며, 부드럽고 온순(溫順)하지만 반대의 성향이 생길 땐 겉으로 티내지 않고 속으로 원한(怨恨)을 맺어 인연을 끊습니다. 문왕이 자신의 대에서 은나라에 복수하지 못하고 후대(後代)에서 복수를 했듯이 천동성 자체에는 활동적인 에너지가 적습니다. 그러나 문왕이 복수를 위해 인재(人才)를 등용하며 돌아다녔듯이 대인관계(對人關

係)에 대한 밝은 지혜(知慧)를 가지고 있고 인연을 맺는 힘도 같이 가지고 있어서 '커뮤니케이션의 별' 이라고 항상 설명을 합니다.

　천동성은 복성입니다. 그러나 이 복성이 질액궁에 들어가면 명이 길었던(감옥에서도 죽지 않고 살아온)것처럼 고질적인 신경통 등 잘 치료되지 않는 병을 안게 됩니다. 천동성은 나쁜 일을 순화(馴化)시키는 힘이 있는데 웬만한 살기(殺氣)성은 천동성이 밝게 비추면 그 살기가 줄어들게 됩니다. 특히 인간관계에서 더욱 장점을 발휘하게 됩니다. 이런 부분은 바로 천동성의 독특한 커뮤니케이션의 힘으로 인해 나타나는 것입니다.

　어떤 상황에서는 천동성이 명주를 밝히면 한 번의 고생이 지나가야 명주의 인생이 발전하게 되는데 이것은 문왕이 감옥에 갇히고 자식인 백읍의 고기를 먹은 후에야 복수심을 키우고 국가를 부흥시켰던 것과 같은 이치로 한번 정도 강하게 자극을 받으면 정적인 에너지의 힘이 움직이며 그 장점을 발휘하게 되는 것입니다.

　특히 증험(證驗)에 의하면, 천동성이 복덕궁에서 화록(化祿)된 사람들이 복권이나 카지노 등에서 당첨 또는 돈을 따는 경우가 많이 있습니다.

9. 염정성(廉貞星)

　염정성은 자미두수 전설에서 간신(奸臣)인 '비중'을 뜻 합니다.

　간신이라고 판단하기 이전에 '간신이 되는 조건'을 살펴보아야 합니다. 가장 기본은 '벼슬' 입니다. 권력(勸力)이 있어야 충신(忠信)이든 간신이든 되는 것입니다. 그러므로 염정성은 관직(官職)을 상징합니다.

비간이 처음부터 간신은 아니었습니다. 그럼 언제부터 간신이 었을까요? 바로 탐랑성인 달기가 들어온 다음부터 간신이 되는 것입니다. 관직의 별에 도화성이 접근하면 도화의 탐욕(貪慾)이 관직의 별을 타락(墮落)시키는 것입니다. 그리고 관직의 별 옆에 항상 관리 하고 지키는 별들이 함께 있다면 간신의 속성은 일어나지 않고 오히려 열심히 관직의 업무를 다하는 별이 되는 것입니다.

모든 별이 그렇지만 특히 염정성은 별의 분기와 사화, 그리고 살기성들에 영향을 많이 받는 별입니다. 염정성이 화기(化忌)가 되면 반드시 관재소송(官災訴訟) 등이 발생하며 도화성까지 침범하면 구설(口舌)까지 생기게 됩니다. 염정성의 영향으로 좋은 점은 관직운 등 직업적인 안정(安定)과 명예에 있지만, 이 별은 변질(變質) 되면 강한 두 번째 의미인 도화성을 드러내게 되어 공무원 사주의 여자가 술집에서 술을 따르는 결과도 낳게 하기도 합니다. 그러므로 염정성을 논명 할 때는 명주의 직업을 연결해서 판단하는 것이 가장 중요한 것입니다.

염정을 논할 때 회조나 협궁에 도화성들이 얼마나 접근해있는지를 보고 그 결과에 따라 염정의 성격을 정해야 하는데, 첫 번째 염정의 에너지는 관직, 두 번째 에너지는 예술, 세 번째 에너지는 도화로 분류하여 삼방회조와 부모형제궁의 길흉을 함께 판단해야 한다는 것입니다.

부모궁이 나쁜 염정은 어렸을 때 명주가 가출하여 방황하게 되거나, 좋은 관직과 예술의 기회를 놓치고 유흥업(遊興業)에 종사하게 만드는 결과도 종종 보았기 때문입니다. 염정을 논할 때 주의할 것은 염정은 그 별의 성격만큼 변화무쌍(變化無雙)하며 외모와 가장 밀접(密接)하게 연결되어있는 부분을 알아야 합니다. 또한 자신을 위주로 무엇이든 판단하기에 논명이 마음에 안 들면 '모두 다 틀리다' 고 우기는 성향도 많습니다.

10. 천부성(天府星)

천부성은 자미두수 전설에서 주왕의 부인인 강황후를 뜻합니다. 은나라가 무적(無敵)의 국가였을 때 주왕이 달기를 만나기 전을 생각해보면 은나라는 내, 외조가 완벽했으며. 내조의 중심은 강황후라고 볼 수 있습니다.

천부성의 또 다른 이름은 '창고(倉庫)와 금고(金庫)' 의 별입니다. 바로 재력의 크기를 잴 수 있는 금고나 재물창고의 크기를 보여주는 별로, 천부성이 밝고 크면 그 재운을 지키는 힘이 강해져 많은 재물을 지키게 됩니다. 그러나 천부성은 창고의 별인 속성처럼 누군가 채워 줘야 하는 것이지 스스로 재물을 창고에 채우지 않습니다. 텅 빈 창고가 주인 없이 장사해서 돈을 버는 경우가 없듯이 재물(財物)을 끌어오는 것은 다른 별이 그 소임(所任)을 맡아야 하는 것입니다.

이처럼 천부성은 부동(不動)의 별로 지키는 힘만 강하므로 길성이라 하여 길하게만 판단하는 것을 경계해야 합니다.

특히 창고열쇠(인감, 印鑑)에 해당하는 천상성이 어두우면 천부성은 그 기능을 제대로 발휘하기 힘들기에 천상성과 천부성의 조화(調和)가 잘 이루어 져야만 길한 명국이라고 볼 수 있는 것입니다.

천부성은 남두성(南斗星)의 우두머리 역할을 하며 그 힘이 밝을 때는 물질적인 것을 지키며 아랫사람을 관리하고 조화를 만들어내고 흉액(凶厄)을 가라앉히는 힘이 있지만, 만약 그 별이 어두우면 아무기능을 못하거나 흉성(凶星)을 만나면 깨진 창고처럼 재물이 흘러 나가기도 하고 창고가 작아 돈을 많이 모으지 못하는 경우도 있습니다.

그래서 천부성은 그 별 자체의 힘보다 천부성을 보좌하는 별들의 강약과 천상성의 상황을 꼭 살펴야 명주의 논명에 실패하지 않습니다. 천부는 재물적인 면으로 살펴 볼 때 흉성에 무한(無限)하게 약해지지만, 만약 재물의 측면이 아닌 사고나 재난의 위험에 대해서는 아주 강한 면역(免疫)을 가지고 있습니다. 천부는 재물과 관련되어있는 별이지만 직접적인 재물이 아니며, 공망성에 약하고, 살성에 민감하여 재물을 쉽게 깨트리기도 합니다. 단지 위험에 관해 해액하는 능력이 있다고 유념해 두면 됩니다.

11. 탐랑성(貪狼星)

탐랑성은 자미두수 전설에서 달기를 뜻하는 별로 도화성이며, 재능(才能)과 예술(藝術), 호기심, 유혹(誘惑), 창작(創作) 등의 에너지를 주관합니다.

탐랑성은 자미두수에서 대표적인 도화성(桃花星)입니다. 그럼에도 불구하고 탐랑성이 보여도 연인이 생기지 않는 것을 두고 '자미두수에서 도화성은 의미를 가늠하기 어렵다' 고 하는데 사실 자미두수에서의 도화성은 여러 가지 의미를 갖기에 그런 식의 단편적인 판단을 하면 안 되는 것입니다.

자미두수에서 도화의 의미는 '성(性)적인 에너지' 입니다. 그 에너지가 어느 궁에서 어떤 주제(主題)로 어떻게 발현(發現) 되는가?' 가 도화성의 해석에 중요한 것입니다. 가령 도화의 에너지를 창작으로 변환시켜 아름다움을 만드는 예술성있는 직업으로 소모하면 길하고, 인맥을 끌어 모으는 등의 일에 도화의 에너지를 사용하게 되는 경우에도 길합니다. 이렇듯 '탐랑'의 별은 예능의 별이면서 각종 화려한 호기심의 별로 각종 예능적인 부분에서 재주가 많아집니다. 그리고 호기심이 발동하면 신비학(神秘學) 쪽에 관심이 많아져 실제로 그 기간(其間)에 역학(易學)을 배운다든지 종교(宗敎)에 관심을 기울인다든지 우발적인 행동을 하게 됩니다. 탐랑성은 일찍 결혼하거나 아주 늦게 결혼하게 되는데 종종 일찍 결혼하고 평생 후회하는 일이 생깁니다.

　탐랑성은 연애하는 상대가 오로지 자신만을 바라보기를 바라며 상대가 자신만을 바라보기 시작하면 다른 상대에게 호기심을 보이기 시작합니다. 사업적이 아닌, 애정(愛情)의 성취욕구가 강한 사람이 되는 것입니다.

　도화성을 판단할 때 중요한 것은 그 도화성이 명궁에 있는가? 복덕궁에 있는가? 부처궁, 사업궁에 있는가?에 따라 현실적으로 일어나는 일이 달라집니다. 또 도화성은 동적(動)인 궁에 있어야 연애가 일어나게 되는 것입니다. 예술 또는 창작, 역학, 선(禪) 등에 빠져들게 되면 이 도화성은 에너지가 연애 쪽으로 가지 못하고 복덕궁에서 자신의 정신세계를 탐닉하는 형태로 바뀌어 오히려 사람들에게 많은 장점을 안겨주기도 합니다.

　도화성이라 해서 명궁, 복덕궁, 신궁에 있을 때 이 명주가 아름다울 것이라는 생각은 버려야 합니다.

　이 미인형의 기준은 고대(古代)의 기준이지 절대로 현대의 기준이 아닙니다. 특히 탐랑의 에너지는 사람들에게 존중받지 못하면 자기폐쇄의 길을 걷게 되는데 그로인해 강한 살파랑의 회조를 가지고도 집에서 숨어사는 사람들이 많습니다. 그 경우에 살이 많이 찌거나 외모가 갑자기 흉하게 변해 도화의 기운을 못 알아보는 경우도 생깁니다.

12. 거문성(巨門星)

거문성은 자미두수 전설에서 강태공의 악처(惡妻)인 '마천금' 입니다. 마천금은 강태공에 대한 불평은 집안에서만 한 것이 아니라 이웃과 시장에서 악담(惡談)을 퍼붓듯이 해댔다고 합니다. 그렇다면 거문성의 속성은 무엇일까요? 당연히 타인에 대한 시비(是非)와 평가(評價)입니다. 예전과는 현대에서는 거문성이 밝으면 대성을 이루는 사람이 많습니다. 그만큼 언변(言辯)과 논리(論理)가 필요한 직업이 많아졌다는 이야기입니다. 거문성의 특징에 따라 밝기가 밝아지면 말로서 남을 다스리거나 어떤 일이든 논리로 분석(分析)하는 쪽으로, 어두워지면 남을 비평하거나 타인의 논리 허점을 찾아내는 쪽으로 가며, 요즘은 무역(貿易)과 딜러, 브로커, 협상가처럼 기회를 잡아 크게 발재(發財) 하기도 합니다.

그러나 거문성은 다천금의 별이기에 시비와 구설도 함께 가지고 있습니다. 그러므로 거문성이 명궁에 들면 항상 주변으로부터 배신(背信)을 당하며 그 발판까지도 뺏기고는 합니다.

거문성의 문제점은 촛불의 아래, 즉 가장 어두운 쪽의 그늘에 속합니다. 이 어둠의 특징은 언제든지 위의 밝은 빛을 끌어내릴 준비가 되어있다는 것으로 거문성이 기력(氣力)을 잃어 재력이 떨어지거나 능력이 약해지는 대운(大運)에 속하면 가지고 있던 명예와 돈을 주변으로부터 약탈(掠奪)당해 빼앗기게 됩니다.

그래서 거문성의 해액(解厄)이 가장 중요한 면인데 거문성을 보완(補完)해주는 것은 태양성으로 거문성의 그늘에 빛을 내려 어둠을 밝혀주는 것입니다. 그러나 태양마저 빛을 잃은 상태(함, 陷)라면 해액하기가 어렵습니다. 거문성은 칠살성처럼 자신이 그 힘을 다루느냐 휘둘리느냐에 따라 논명의 관점이 상당히 다른 별입니다. 태양성 외에 거문성 해액하는 방법은 직업이 입으로 먹고사는 직업에 속해있어야 한다는 것입니다.

태양이 그 밝기를 12궁에 비추어주는 것처럼, 거문성은 그 어두움을 12궁에 퍼트립니다.

그래서 거문이 함(陷)에 들면 그 삶이 척박(瘠薄)하고 인연이 길지 못하게 됩니다.

13. 천상성(天相星)

천상성은 자미두수 전설에서 주왕(파군)의 충신, 문태사입니다.

문태사는 은나라가 멸망할 때까지 그러니까 주왕이 타락하여 나라의 운명이 끝날 때까지 함께 했던 인물입니다. 다시 생각하면 성군(聖君), 폭군(暴君)을 가리지 않고 그에게 끝까지 충성(忠誠)을 다했던 인물이라는 것은 황비호 장군처럼 자신에게 위협(威脅)이 왔을 때 등을 지는 것이 아닌 끝까지 자신의 주인을 따르는 성격이라고 볼 수 있는 것입니다.

천상성은 곳간의 열쇠 기능, 인감도장(印鑑圖章)과 같은 기능이 있다고 이야기 합니다. 그러나 이것을 뒤집어서 생각한다면, 열쇠는 천부라는 창고와 금고가 있어야 그 존재의 가치가 있으며, 파군 같은 지휘자가 있어야 자신의 지위를 지키고 터전을 지키는 힘이 생기는 것이라는 결론이 나옵니다.

명주의 명궁에 천상성이 들었다면 자미, 천부, 파군 등의 지휘 기능이 있는 별들이 동료(同僚) 또는 직장에 있어야 합니다.

천상성이 어두우면 천부성이 밝아도 재물을 자신의 마음대로 끌어 쓰기 어렵고, 천상이 밝고 천부가 어두우면 투자할 곳은 있는데 돈이 없는 것과 같은 이치가 되는 것입니다. 그로인해 천상성은 항상 주변에 그 곳간을 채우고 천상성이 가진 계획을 지원해주는 세력(勢力)이 필요합니다.

천상은 문태사의 성정처럼 곧고 바름도 상징하기에 염정성이 타락하지 않도록 관리하는 감시의 별이 되는 것입니다.

물론 강하진 않아도 각기 대운에 마주치는 흉성을 관리하는 힘도 가지고 있습니다. 그러나 부상조원의 규칙처럼 천상은 천부의 영향에 따라 그런 기능도 강해지고 약해지는 것을 꼭 염두 해두어야 합니다.

중요한 것은 천상성이 어두울 때로, 어두운 천상성을 조심해야 하는데, 천상이 가진 에너지인 기획(企劃), 유지(維持), 학식(學識), 지혜(知慧) 등을 이기적으로 사용하기 시작합니다. 천상성은 밝아야 하고 문창, 곡을 함께 하고 있어야 바로고 곧고 자신이 한 말을 지키며 사는 것입니다. 천상성이 어두우면서 문창, 곡을 함께 하면 바른 척, 곧은 척으로 사람들을 현혹(眩惑)하여 자신의 이기적인 목적에 주변의 사람들을 이용하는 비도덕적(非道德的)인 사람이 되는 것입니다. 천상성이 밝든 어둡든 외모는 말투가 신용(信

用)이 가게 하는 면을 날 때부터 지니고 있으며 논조(論調) 있는 말투와 자신의 지식을 활용하는 능력 때문에 밝으면 성공하는 기획자로, 어두우면 남을 이용하고 배신하는 사람으로 양면성(兩面性)을 갖게 되는 것입니다.

14. 천량성(天梁星)

천량성은 자미두수 전설에서 주나라의 장군 이천왕으로 은나라와 수백의 전투(戰鬪)를 치루고 살아남아 태백금성의 지시로 살아있는 그대로 별자리에 임명이 되었다는 별입니다. 그렇기에 장수(長壽)의 별로 보기도 하고 노인(老人)의 별로 보기도 합니다.

또, 천량성은 이천왕의 삶처럼 많은 전투(우여곡절, 迂餘曲折)를 치러야 합니다.

그것은 바로 '걱정'을 뜻합니다. 걱정이라는 에너지는 바로 치밀(緻密)한 관리와 감독의 의미를 갖게 됩니다. 자신의 군사(軍士)를 관리하고 전쟁을 치르듯이 항상 고민과 걱정을 떨쳐내지 못하는 것입니다.

바로, 아직 일어나지 않은 것에 걱정이 많고 의심도 많으며 하나하나 눈앞에서 결정이 나지 않으면 '쉽게 움직이지 않는다.'는 단점도 있습니다. 천량성은 노인성답게 명주가 조숙(早熟)하고 해 보이기도 합니다. 천량성이 밝을 때는 명확(明確)한 판단으로 계획을 이루는 별이 되지만 천량성이 빛을 잃으면 쓸데없는 걱정으로 우유부단해지며 기회를 놓치게 만듭니다.

천량성은 술수학(術數學) 등과 인연이 있는 별로 천량성이 불길해져 인생이 파절(破節, 명예퇴직 등도 포함해서)에 이르면 사찰

(寺刹)로 가거나 역학자(易學者)가 되기도 합니다. 한 가지 재미있는 것은 이 천량성의 특징 때문에 부처궁에 들게 되면 일시적으로 의부증, 의처증처럼 배우자를 의심(疑心)하고 관리하게 되는 웃기는 일도 발생합니다. 단, 고진 과숙없이 천량성만으로 의부, 의처증이 발생하여 다투는 경우 끝이 나쁘지는 않습니다. 단지 부부가 다투고 잠시 별거하는 경우만 생깁니다.

천량성이 어두운 채로 부처궁에 든 사람들은 한번쯤은 스토킹에 시달리며 고생하기도 합니다. 이것은 선천, 유년의 부처궁에도 발생하며 대운 부처궁에서는 그 발생율이 낮은 편입니다.

보좌성, 흉성, 잡성

☞ 보좌성에 대해서

보좌성이란 14주성의 곁에서 그 주성의 힘을 더하기도 하고 뺏기도 하는 별로 그 상징성을 잘 관찰해야 합니다.

보좌성은 주성의 힘이 약하거나 너무 강하여 궁과 어울리지 못할 때 각각의 기능으로 주성을 보완하기도 하고 때로는 주성의 에너지를 방해하여 뺏기도 합니다.

그러므로 융통성(融通性) 있게 적용하되 범위(範圍)를 벗어나지 않도록 해야 하며, 그 별이 상징하는 것을 잘 파악해 대운과 유년에 어떤 것이 주성을 이끌어주고 어떤 것이 주성을 흉하게 만드는지를 살펴보아야 합니다.

14주성이 궁의 가장(家長)이라면, 보좌성은 그 궁의 형제(兄弟)처럼 구성원(構成員)의 역할을 하며, 그 보좌성의 역할에 따라 어떤 일을 겪는지를 미리 알려주기도 합니다. 이 보좌성을 통해 귀인(貴人)과 흉인(凶人)을 구분하여 명주의 문제점을 해결할 수 있는 것입니다.

1. 좌보, 우필(左輔, 右弼)

좌보와 우필은 주성의 왼팔과 오른팔로 친구나 또래의 긴밀(緊密)한 관계 등을 상징합니다. 주성의 에너지가 부족해도 삼방과 대궁 안의 좌보, 우필이 밝으면 주변에서 끌어주는 힘이 강하여 주성의 힘이 부족할 때마다 구제(救濟), 도움을 받아 극복할 수 있게 합니다. 그러나 좌보와 우필이 어두워 흉하게 변하면 친구로부터 보증을 떼이거나 주변의 배신으로 곤란에 처하는 위기를 겪게 됩니다.

사람이 사회생활을 시작하는 단계나 사업(事業)을 시작하는 단계의 삼방대궁에서 좌보우필을 먼저 살펴 주변에 조력(助力)하는 인물의 길흉을 확인하면 그 사람의 사업성공과 실패에 작용하는 인간관계를 확인 할 수 있습니다. 그만큼 좌보우필은 사람의 사회성과 밀접하며 인간관계를 측정할 수 있는 것입니다.

2. 천괴, 천월(天魁, 天鉞)

천괴와 천월은 윗사람을 뜻합니다.

명주를 이끌어주는 사람이나 회사 등을 뜻하며, 관직이나 기회를 주는 시기(時期)의 별로도 판단합니다.

명주가 취직을 원할 때는 삼방대궁안의 천괴, 천월의 밝기와 사화를 통해 면접의 결과를 예측할 수 있으며, 이 별이 유년 명궁, 관록궁에서 밝게 자리하면 그 기회를 얻기 쉬운 것입니다.

이 별은 자신이 기회를 얻기 위해 움직이지 않으면, 아무 힘도 발휘하지 못합니다. 천괴, 천월은 굳이 도울 윗사람이 없다 해도 그 존재자체의 힘으로도 우연한 기회를 얻게 되므로 때로는 우연한 기회에 작용(作用)하기도 합니다.

그러나 별이 어두워 흉성으로 비추는 경우에는 윗사람이 누명을 씌우거나 방해하는 일이 발생하며, 때로는 이용당하는 일도 생깁니다. 그러므로 천괴, 천월만 있다고 해서 기뻐만 할 것이 아니라 천괴, 천월이 유년이나 대운의 부모궁, 관록궁, 전택궁에서 길하게 앉았는지 흉하게 앉았는지를 반드시 살펴야 하는 것입니다.

단, 예전엔 40세 이후에 성질이 변한다고 했으니 경험상, 요즘은 나이가 60이 넘으면 윗사람의 도움을 뜻하는 것이 아니라 아랫사람의 조력을 뜻하는 별이 되며, 별이 어둡다면 아랫사람으로 인해 신경쓰고 도와야 하는 별이 됩니다.

3. 문창, 문곡(文昌, 文曲)

문창, 문곡은 문서(文書)와 약속(約束)을 상징합니다. 그러므로 이 별들이 밝으면 이익을 얻게 되며, 계약(契約)이나 매매(賣買), 재판(裁判), 취업(就業), 시험(試驗) 등 여러 면에서 좋게 작용을 합니다. 그러나 별이 어두워 질 때는 흉한문서와 약속으로 작용하여 부고(訃告)장, 사기(詐欺), 도둑, 손실(損失), 빌려준 돈을 떼이는 경우 등, 여러 가지 금전적이고 현실적인 손실을 예시합니다. 만약 천형이나 염정성이 어두운 자리에서 동궁한 문곡이 화기(化忌)되면 그야말로 감옥(監獄)에 갇히게 되는 악운(惡運)을 맞이하게 됩니다.

예외적으로 선천명반에서 선천화기나 문창, 곡이 어우둔 사람이 무당, 승려, 도박사, 역학자, 종교인 등의 음(陰)적인 삶을 살 때는 이 별의 기운은 뒤바뀌어 그 시기에 자신의 학문에 성취를 얻게 되기도 합니다. 그러나 그 경우에는 음살성과 천무가 어떻게 자리하고 있는지에 따라 또 달라집니다.

어떤 경우에는 이별의 삼방대궁 안에 음살성과 천무성을 마주칠 때, 신내림의 영향으로 멀쩡한 사람이 신병을 앓는 경우도 발생합니다. 그러나 이런 경우의 수(數)는 선천 복덕궁을 살펴 신(神) 기운이 있는지 없는지부터 살펴야만 합니다.

문창을 약속이라 표현한다면, 문곡은 서류계약이라 생각하면 됩니다. 양쪽 모두 별의 밝기에 민감(敏感)하며 그 밝기에 따라 학문의 종류와 성취, 관직의 유무, 학업의 장단(長短)을 구분하게 됩니다.

문창, 문곡은 해석하는 방법이 아주 무수한 보좌성입니다. 그러나 그 다양해지는 기준은 주성의 상태와 문창, 문곡에 붙는 사화(四化)에 따라 많이 달라집니다.

4. 녹존, 천마(祿存, 天馬)

녹존은 재물(財物)의 상징이며 천마는 역마(驛馬)의 상징입니다. 록존의 기운은 재물이지만 스스로 움직이지 못하는 별입니다. 그래서 움직이는 행등의 에너지가 강한 천마성이 강제로 끌어 주어야만 재물이 움직여 들어오게 되는 것입니다.

이를 두고 소금가마를 나귀에 싣고 전국을 다니는 소금장수에 비유하면 이해가 빠를 것입니다.

또, 록존성을 무조건 들어오는 재물로만 판단하면 안 됩니다. 녹존성이 밝고 천마성이 밝아도 오히려 돌아다니며 돈을 쓰고 물건을 사들이는 낭비(浪費)의 별이 되기도 합니다.

이런 변화의 이치는 재백궁에서 재물을 지키는 주성의 영향력을 살펴야만 결과를 알 수 있으며, 앉은 궁에 따라 그 영향력이 달라지는 것입니다.

특히, 역마에 해당하는 천마성은 세 번 중첩(重疊, 선천운, 대운, 유년운)되면 이민을 가거나 삶의 터전을 완전히 옮기는 운으로 발전하는 경우가 많습니다. 선천운의 천이궁이나 명궁에 천마가 있는 사람은 더더욱 그렇습니다.

천마성은 함께 있는 주성에 따라 길하게 작용할지 흉하게 작용할지가 결정되며, 천마성이 경양성 등과 함께 질액궁, 천이궁에 있으면 다리를 다치거나 교통사고, 또는 병으로 인해 일시적으로 몸을 운신(運身)하지 못하게 됩니다. 이 두 가지의 별은 동궁하는 것이 좋은데 동궁한 경우를 록마교치라 하여 주성과 궁이 좋을 때 상당한 이익을 볼 수 있게 됩니다.

이외에 공무원이 되는 운명을 찾을 때도 관록, 전택, 복덕, 명궁에 있으면 그 영향을 주게 됩니다.

☞ 흉성에 대해서

흉성(凶星)은 나쁜 일, 사건, 사고를 상징하는 별이면서 그 밝기와 조합에 따라 좋은 일로 나타나기도 합니다. 흉성은 안팎으로 작용하여 자신의 내면으로부터 발생하거나 외부의 요인(要因)으로부터 발생하는 차이를 보입니다. 때로는 주성을 방해하거나 공격(攻擊)하기도 하고 때로는 게으른 주성을 자극(刺戟)하여 움직이게 하기도 합니다.

1. 경양, 타라(擎羊, 陀羅)

경양성과 타라성은 유년운에도 강하게 작용하는 흉성으로 경양은 사고, 다툼으로 인한 부상(負傷), 사건(事件), 폭력(暴力) 등을 상징하고, 주성의 성향에 따라 때로는 사고로 죽는 것을 암시하기도 하며, 관록궁에 드는 경우 자신의 직업을 툭하면 집어 치우는 힘을 가지게 됩니다. 이롭게 작용 할 때는 별이 밝으면서 위력(威力)이 필요한 직업 쪽에 종사하는 군(軍), 경(警), 경비(警備), 형무(刑務) 등에 이롭게 작용합니다. 또 들어앉는 궁에 따라 격한 반응으로 나타나게 됩니다.

경양성이 눈에 드러나게 일어나는 일이라면 타라는 그 반대로 타인에게 알려지지 않는 피해를 입게 되는 성향이 있습니다. 논명시에 타라성은 당사자들이 잘 기억하지 못하는 경향이 있으나 연애문제나 인간관계, 투부관계, 직장에서의 사람들과 관계에서 나타나는 문제는 당사자들도 잘 기억합니다. 그래서 이점을 중시하여 논명을 해야 합니다.

경양과 타라성은 사살성(四殺星)에 포함되고 극단적으로 나쁘든지 극단적으로 좋아지는 격발(擊發)의 힘을 공통적으로 갖고 있습니다.

경양과 타라성이 노복궁에 들면 아랫사람이 자신을 공격하거나 배신하여 손해를 입히며, 때로는 종업원이 도둑이 되어 명주의 사업장에 피해를 주게 됩니다. 그러므로 경양과 타라성은 선천, 대운, 유년 등에 모두 작용을 일으키므로 어느 궁에 위치했는지를 판단하여 그 위험을 미리 감지하고 액을 면해야만 합니다.

특히 궁의 에너지와 밀접한 관계가 있어서 궁명(宮名)과 경양성을 합쳐서 해석하면 들어맞는 경우가 상당히 많습니다.

2. 화성, 영성(火星, 鈴星)

화성과 영성도 경양, 타라와 같이 사살성에 속합니다. 화성이 일으키는 흉함은 모두가 알만한 흉한 일이고 영성이 일으키는 흉함은 자신만 알게 되는 정신적인 고통으로써 두 별의 차이를 보이게 됩니다. 화성은 드러나는 흉한 일로 화재(火災), 도난(盜難), 재난(災難) 등 갑자기 일어나는 일들을 상징하고 사람을 당황스럽게 만듭니다.

그러나 화성은 그 혼자서만 흉함을 만들어 내는 것보다 사람이 이전부터 불안정한 상황을 만들어 놓았을 때 그 화성이 닿는 운에 격발하여 흉한 일을 일시적으로 터트리는 것입니다. 영성은 겉으로 드러나지 않는 인간관계나 정신적인 측면에 가깝습니다. 인간적인 배신이나 욕망(慾望), 치정(癡情)에 걸쳐 일어나는 사건들이며, 영성이 흉할 때는 여성은 밤길을 주의해야 하고 치정관계에 얽혀 치욕(恥辱)을 당할 수도 있으니 불륜(不倫)을 삼가야 합니다.

　화성이 길하게 작용할 때는 잡성인 천주성과 함께하여 요식업(料食業) 종사자들에게 횡재(橫財)운을 불러오거나 식당의 창업(創業) 등에 관련되기고 하고, 병목현상처럼 풀리지 않던 운이 궁지에 몰렸을 때 발복(發福)운을 격발하게 만드는 성격도 있습니다. 영성이 길하게 작용할 때는 부정한 의미에서의 이익(利益)을 뜻하는데 화류계(花柳界)에서 돈을 번다든지, 노름에서 일시적으로 돈을 딴다든지 하는 일과, 때로는 도화성으로 변질(變質)되어 계약연애 등의 부도덕(不道德)한 일들을 벌이곤 합니다, 역시 이 모든 사안(事案)은 주성과 궁의 성격에 따라 여러 가지로 변화되어 나타나게 됩니다.

3. 천형, 천요(天刑, 天姚)

　천형은 형벌(刑罰)의 별로 주성의 상황에 따라 벌을 받거나 스스로 벌을 내려 갇혀 지내는 등 고독(孤獨)과 감금(監禁) 등을 상징하는 별이 됩니다.

　예를 들어 염정화기(廉貞化忌)와 마주친다면 법정(法廷)에서 구속(拘束) 같은 관재(官災)를 겪게 되고 천기함(天機陷)과 마주친다면 모든 것을 버리고 떠돌아다니는 승려(僧侶)의 모습처럼 되기도 하는 것입니다.

　또는 천부성이 어두울 때 천형이 동궁하면 재물이 묶여 쓰지 못하게 되며, 명궁이나 복덕궁에 들었을 때는 자기 세계에서 갇혀 나오지 못하는 고집이 생깁니다. 고지식함을 뜻하고 변화보다는 현실에 갇혀버리게 됩니다. 길한 상황으로 볼 개는 거문이나 염정의 화록(化祿) 상황으로 소송(訴訟)에 이기는 것으로 판단할 수 있으며, 승도(僧徒)나 역학인에게는 학문을 고양(高揚), 성취시키는 별이 되기도 합니다.

천요는 도화성으로 탐랑성과 달리 육체적(肉體的)이며, 즉흥적(即興的)인 관계를 더 나타냅니다.

명반 전체가 도화성끼리 삼방에 회조하거나 대운 유년에 삼방으로 회조하면 이성운이 범람(氾濫)하여 명국을 패국(敗局)으로 만들게 됩니다. 하지만 이 도화성을 관록(官祿)이나 재백(財帛)(일이나 돈벌이에)으로 활용하고 있다면 이 시기엔 이성(異性)을 이용하여 돈을 버는 때라고 볼 수 있습니다.

천요는 음란(淫亂)한 도화성이지만 직업이나 재물로 변화가 가능한 별입니다. 단, 사람이 그런 방향으로 움직이지 않았다면 도화범람을 겪게 되는 것이다.

또, 천요를 비롯해 어떤 도화성이 들었다 해도 자신을 상징하는 궁인 복덕궁, 명궁, 신궁 등에 들었다면 단지 스스로 색욕(色慾)이 많아지는 것으로 끝나기도 합니다. 그래서 도화성들은 관록궁, 재백궁, 부처궁, 자녀궁 등 인맥형성이 가능한 궁에 들었을 때 그 효과를 발휘하게 됩니다.

☞ 공망(空亡)성의 의미

공망성은 비워지는 것을 뜻합니다. 내가 비우는지 (공, 空)아니면 빼앗겨서 비워지는지(겁, 劫)가 두 별의 차이를 보이며, 시기(時機)의 방해로 얻지 못하는지 까지 살펴보아야 합니다. 공망은 물질(物質)에는 흉하고 경예(名譽)에는 이롭습니다. 창작과 변화에는 이롭고 유지(維持)와 전통(傳統)에는 불리합니다. 이런 부분들을 논명하면서 살펴보아야 하는 것입니다.

1. 지공, 지겁(地空, 地劫)

지공은 물질의 관점(觀點)에서 볼 때, 스스로 비우는 별이며 포기하는 별입니다. 그러므로 이 별이 물질적인 것을 상징하는 재백궁이나 전택궁에 들면 재물의 다툼에서 스스로 그 권리를 포기한다고 판단합니다. 선천에서 대운, 유년까지 적용되며 밝으면 그 흉함이 덜하고, 어두우면 그 흉함을 피할 수 없습니다.

또, 인맥(人脈)을 상징하는 노복궁, 형제궁, 부모궁, 천이궁에서는 인맥을 포기하거나 연락을 끊게 되는 경우, 뜨는 그 인맥이 나에게 물질적인 손해를 끼치는 등의 상황을 만듭니다. 그러나 역시 밝으면 그 흉함이 덜하니 논명 할 때 건너뛰어도 되지만 만약 어둡다면 그 흉함이 사람의 겉과 속으로 모두 나타나니 그 지공의 흉함을 짚고 넘어가야 합니다.

특히, 이 지공은 재물을 상징하는 별들, 궁과 함께 있거나 녹존(祿存)과 함께 있으면 반드시 재물의 손실을 나타내게 됩니다.

지겁은 손실의 별이며 내 의지와 상관없이 남게게 빼앗기는 별입니다. 이 별이 명궁과 재백궁에서 마주치면 명주는 반드시 재물에 손실(損失)을 입게 됩니다.

지겁이 흉한 면으로 작용할 때는 직업을 잃거나(관록궁) 부동산을 날리거나(전택궁) 등으로 손실을 뜻하지만 지겁이 밝고 지공도 밝아 회조하면서 길하게 움직이면 예술, 창작, 명예, 역학, 무역, 인터넷쇼핑몰, 통신사업(通信事業) 등의 분야에서 상당한 이익을 창출(創出)해냅니다. 선천궁에서 지공, 지겁이 명궁 또는 복덕궁 쪽을 만나게 되면 무엇을 성취하든지 허탈함에 싸여 종교에 기대는 성향이 깊어집니다. 특히 공겁이 천형을 삼방대궁에서 만나면 속세(俗世)를 벗어나 살게 되는 경우도 있으니 신중하게 살펴야하며, 지겁은 정신이든 물질이든 '뺏긴다' 라는 성향을 기본으로 해석해나가야 합니다.

지공과 지겁이 반드시 나빠지는 상황은 명궁과 재백궁에 지공, 지겁이 배치되었을 때 이며, 명궁에 지공, 재백궁에 지겁이 들어 상응(相應)하는 것을 가장 나쁘게 봅니다. 이때는 반드시 정신적, 물질적인 피해를 입게 되는데, 지공이 무서운 것은 스스로 비워 이익을 버리는 것에 있고, 지겁이 무서운 것에는 남에게 빼앗기는 것에 있기 때문입니다.

2. 천공, 순공, 절공(天空, 旬空, 截空)

셋 다 모두 잡성중의 공망성으로 좋은 일도 나쁜 일도 모두 기운을 잃게 만듭니다. 만약 공망성(지공, 지겁)과 함께 한다면, 그 공망은 더욱 커지게 되어 이익과 일을 무산(無産)시켜 버립니다. 특히, 절공은 녹존(祿存)과 동궁하면 겁공을 만난 것처럼 재물운을 무산시켜 상황을 더욱 힘들게 만듭니다.

특별이 흉성이 없는데도 일이 밀리거나 자주 좌절(挫折)된다면 이 공망성들의 위치를 확인해보는 것이 좋습니다.

☞ 잡성(雜星)의 의미

잡성은 각각의 궁에 따라 강해지기도 하고 약해지기도 해서 일부 학파(學派)에서는 잡성의 힘을 무시하는 경향도 있습니다. 그러나 그동안의 증험을 통해 잡성 또한 들어앉는 궁의 상황에 따라 강하게 발현되거나 무의미 하게 지나가는 것을 볼 수 있었습니다.

1. 고진, 과숙(孤辰, 寡宿)

고진, 과숙은 고독(孤獨)의 별이며 이혼(離婚)과 별거(別居) 등을 뜻합니다. 부부간의 인연과 연애에 긴밀하게 작용하는 별로, 여자의 명(命)에 명궁, 관록궁 또는 명궁 재백궁에 각각 들어 회조하면 기혼자가 연인이 되려하는 영향이 생깁니다.

물론, 본인이 싫다고 해도 그때만 이상하게 꼬이게 됩니다.

남자에겐 고진이 명궁 또는 부처궁에 들지 말아야 하며, 여자는 과숙이 명궁 또는 부처궁에 들지 말아야 합니다. 만약 이렇게 별이 들었다면 결혼운이 극도로 나빠져 항상 외롭게 됩니다.

또, 남자에게 과숙이 명궁, 부처궁에 든다면 단지 외롭거나 떨어져 살 뿐이고, 여자에게 고진이 들었다면 남편이 출장이나 회사일로 바빠 외로워질 뿐입니다.

2. 비렴(蜚廉)

비렴은 구설(口舌)을 상징하며 말다툼 등 시비가 생깁니다. 그러므로 부처궁에 든다면 이성(異性)에 의한 구설과 시비가 생기고, 명궁에 든다면 자신의 행실로 인한 구설이 빈번하며, 관록궁에 든다면 직장에서 말이 많은 것입니다. 단, 주성이 해액을 하는 기능을 가졌다면 이 비렴은 영향을 미치지 못합니다.

3. 삼태, 팔좌(三台, 八座)

길한 일에 길한 것을 더해주는 별로 삼태와 팔좌는 삼방 안에서 회조, 도는 대궁에서 마주보고 있든지 동궁 해 있어야만 힘을 쓰게 됩니다. 차를 산다든가 명품을 산다든가 외면(外面)을 치장하는 시기에 영향을 더욱 끼치기도 합니다.

단거리의 역마(驛馬)성이기도 하여 출장과 여행을 암시할 때도 있습니다.

4. 용지, 봉각(龍池, 鳳閣)

용지는 재주, 봉각은 화려한 곳을 뜻합니다.

용지가 들면 재능이 있어 자신이 하는 일에 성과를 보이며 선천, 대운, 유년운에 따라 이 재주가 오래 갈 것인지 일시적인지는 판단하게 됩니다.

봉각은 자신을 꾸미거나 좋은 곳을 다니고 싶어 하는 성향이 생깁니다. 같은 값이면 더 깨끗하고 좋은 곳을 선호하게 되는 것입니다.

관록궁과 연결될 때 그쪽 계통의 직업에서 재주를 봉각은 회사의 외형과 규모가 남들에게 좋아 보이는 곳을 선호하게 되는 것과 같습니다.

5. 은광, 천귀(恩光, 天貴)

　귀인을 얻는 별로 강한 힘은 없지만 그런 유년운에서 길한 주성과 함께 궁에 닿았을 때는 강하게 힘을 발휘합니다.

　승진 운에 들었을 때 좋은 주성 또는 보좌성과 함께 이 별이 들면 좋은 결과를 얻게 됩니다. 그러나 은광, 천귀성의 특징은 '사람을 얻는 도화성'으로 짧은 인연의 이성이 생기는 것으로 지나가 버릴 수도 있습니다.

6. 음살(陰殺)

　음살은 '귀신(鬼神)'입니다. 또 다른 말로는 생각지 못한 일들이 갑작스럽게 일어나는 귀신이 곡(哭)할 일을 뜻하기도 하지요. 정신세계를 상징하는 궁에 들면 감정적인 부분에 이상한 영향을 받게 되고 역학이나 무속(巫俗) 쪽에 관심이 생기기도 합니다. 질액궁에 들어가면 '혹'이나 '암' 등을 상징하는데 들어앉는 주성에 따라 질병의 종류가 다르게 됩니다.

7. 천곡, 천허(天哭, 天虛)

　천곡은 하늘에 대고 곡(哭)을 하는 별입니다. 가족(육친)궁에 드는 것을 주의해서 살펴보아야 합니다.

　천허는 하늘에 대고 기도하는 별입니다. 말 그대로 하늘에 대고 빌어야 해결이 나는 흉사(凶事)를 상징하며, 현대에는 우울증 같은 감정적인 부분의 장애에 더 많이 나타납니다.

8. 천관, 천복, 천수, 천재(天官, 天福, 天壽, 天才)

이 별들은 자신의 이름대로 길하게 작용합니다.

천관은 관직에 이로움을, 천복은 횡재(橫財)와 금전 등의 이익에 천수는 명(命)을 늘리며 천재는 재주를 키웁니다. 이 네 가지의 별은 명주가 운이 좋을 때 발생되며 운이 흉성에 가로 막혀있으면 힘을 발휘하지 못하는 경우가 많습니다.

9. 천무(天巫)

선대의 업보가 내려오는 별입니다. 음덕이 많으면 길하게 작용하며 음덕이 부족하면 흉하게 작용합니다. 궁의 위치에 따라 선대에 무속(巫俗)업을 한 사람이 있거나 종교인(宗敎人)이 있는지 알 수 있으며, 또 음살과 비슷한 성격이면서도 음살을 제어하는 기능을 갖추고 있습니다. 그래서 음살과 천무가 동궁하면 음살이 가진 기운이 천무에 가로닥혀 사라지기도 합니다.

10. 천상, 천사(天傷, 天使)

천상은 자잘한 사고와 다침을 말하고 천사는 길과 흉을 더하거나 줄이는 별입니다. 특이한 명주의 경우 대형 사고에서 자신만 살아남는 경우에 해당하기도 합니다. 이 별이 저승사자가 될 것인지 지키는 수호신(守護神)이 될 것 인지는 사람의 음덕(陰德)과 삶의 태도에 달려있습니다.

11. 천월(天月)

천월은 질병(疾病)의 별로 질병이 생기는 궁에서 화기(化忌)나 빛을 잃은 주성과 만나면 발병시키는 촉매역할의 별입니다. 그러므로 주성의 역할에 따라 기운이 강해지기도 하고 약해지기도 합니다.

12. 천주(天廚)

천주성은 하늘의 주방(廚房)을 뜻합니다.

요리에 재능이 생기고 맛있는 것을 즐깁니다.

궁에 따라 식당을 개업하기도 하지만 그럴 때는 화성의 밝기를 측정해야 합니다. 화성 또는 태양이 어둡다면 식당은 망할 수 있습니다. 질액궁에서는 음식으로 인한 병을 얻게 될 수 있습니다.

13. 태보, 봉고(台輔, 封誥)

태보와 봉고는 사회성을 높이는 별입니다. 요즘 세상에선 세일즈, 헤드헌터 등 인맥이 필요한 사람들에게 필요한 별이 되었습니다. 태보, 봉고는 스스로의 힘은 거의 없으며 좌보, 우필, 천괴, 천월 등 보좌성의 에너지를 고양시키는 역할을 한다.

14. 파쇄(破碎)

파쇄는 깨트리고 가루로 만든다는 별입니다. 그러나 흉성들 같은 힘은 없어서 흉성없이 들면 그저 돈이 새어나가는 정도지만 흉성과 같이 들면 안팎으로 깨져나가게 됩니다. 역시 흉성의 에너지를 키우는 역할을 합니다.

15. 함지, 대모(咸池, 大耗)

함지는 도화로서 가장 낮고 음란한 역할을 합니다.

매춘(賣春)이나 하룻밤을 즐기는 별 정도의 의미입니다.

대모는 파쇄와 같으나 금전적인 면 외에 모든 부분에서 손해를 발생시킵니다. 질병문제에서부터 금전까지 모든 부분에 흉성의 힘을 키우는 역할을 합니다.

16. 해신(解神)

해신은 공망성처럼 기운을 없애버리는 역할을 합니다. 그러나 공망성이 '비운다' 는 속성을 떠올린다면 해신은 그 얽힌 것을 '풀어버린다' 는 속성을 떠올려야 합니다. 대인관계(對人關係)에서 많이 작용하며, 부모나 형제, 부부, 자녀, 친구, 등의 관계를 풀어버린다는 의미입니다. 그렇기에 나를 이롭게 하는 별이 아닌, 좋은 운도 좋지 않게 나쁜 운도 나쁘지 않게 하는 힘으로 생각해야 합니다.

17. 홍란, 천희(紅鸞, 天喜)

홍란, 천희는 경사의 별로 결혼(結婚), 임신(姙娠) 등의 기쁜 일을 뜻합니다.

그러나 흉한 별과 육친(肉親)궁에서 마주치면 그 대상에게 안 좋은 소식이 생깁니다. 특히 나이든 부모님이나 자신이 늙었을 때, 부처궁에 들면 경사(慶事)의 문서(文書)가 부고(訃告)로 바뀌기도 합니다.

18. 홍염(紅艷)

홍염은 주로 주색잡기(酒色雜技)의 별이며 도화성중에 낮은

등급에 속합니다. 배우자가 바람을 피운다던지 하는 것은 홍염이 내려앉은 위치로 찾아볼 수 있습니다. 그러나 이 역시 직업으로 변화될 수 있으며, 배우자가 성욕(性慾)이 높아지는 것 정도로 끝나기도 하기에 부처궁의 상황에 따라 다시 추론해야 하는 경우가 많습니다.

사화(四化), 록권과기(祿權科忌)

사화란 별의 네 가지 속성의 변화입니다.

사람의 인생이 생로병사(生老病死)를 거치고, 자연은 춘하추동(春夏秋冬)을 거치며 국가의 운명이 흥망성쇠(興亡盛衰)를 겪듯이 사람의 인생을 대변(代辯)하는 이 자미두수의 별들도 '록권과기'라는 네 가지의 흐름을 지닙니다.

록권과기의 첫 번째 의미는 봄, 여름, 가을, 겨울처럼, 발생하고 자라나며 열매를 맺어 번영(繁榮)하고 모든 것을 마무리 하는 과정을 뜻합니다.

두 번째 의미는 록은 재물의 발생 등 재화(財貨)에 관련되며, 권은 관직(官職) 등 기틀을 잡는 것에 해당하며 과는 이미 준비된 곳에서 성과(成果)를 내고 성취를 하는 것이며, 기는 그 모든 것이 끝나고 흉하든 길하든 마무리를 짓게 만든다는 것입니다. 그러나 이것은 기운에 해당하기에 정작 당사자들은 실감하기 힘듭니다. 실제로 사업을 시작한 시기를 추론하면 이 록권과기에 해당하지 않는 연도 내에 시작한 사람들이 상당히 많습니다. 또한 기에 해당하는 시기에는 오히려 분명할 정도로 나쁜 일이 생겨 본업(本業)을 접게 되는 경우가 많기 때문입니다.

왜 그런 것일까요?

사실 록이라는 에너지는 무엇을 하게 되는 에너지가 일어나는 시점(時點)이니 명주가 머릿속에 계획만 잡아도 록의 기간에 해당하기 때문입니다. 결국 실행은 1~2년 후에 하게 되는 경우가 많습니다. 게다가 권과 과는 진행형의 에너지이기 때문에 명주들은 '그냥 괜찮았다' 정도로만 기억합니다. 그러나 기의 에너지만큼은 명주들은 반드시 기억합니다. 기에 해당하는 기운이 어느 궁에 있는가에 따라 그 해당궁의 흉액이 발생하여 명주의 터전을 끝낼 수밖에 없는 상황을 만들기 때문입니다. 그 때문에 '록(祿)'과 '기(忌)' 이 두 가지는 항상 주의 깊게 살펴보아야 합니다.

대운이 나쁜 상황에서의 록은 당장 몇 년은 좋지만 그 후에 기에 닿았을 때 번 돈은 물론 오히려 기존에 있던 재물까지 날리게 되는 악재(惡材)를 겪는데 이것을 가재운(假財運, 가짜재운)이라고 판단합니다. 진재운(眞財運, 진짜재운)은 대운이 안정 되었을 때 록권과기의 기(忌)가 대운의 밖에서 운영(運營)될 때 비로소 안전하게 진행되며 이때 들어온 재물을 지킬 수 있습니다. 이것을 잘 판단해야 자미두수의 진면목(眞面目)을 알게 되는 것입니다. '무엇으로부터 시작되어 무엇으로 끝나는가?' 크게, '언제 태어나서 어떻게 죽는다.' 조금 작게 '언제부터 언제까지 무슨 일을 하게 된다.' 좀 더 작게 '어느 해에 어떻게 하고 어떤 결말이 난다' 이것이 명주들이 알고 싶어 하는 일들인 만큼 이 부분에 대하여 심도(深度) 있게 짚어 나가야 하는 것입니다.

또한, 홍성파 자미두수에서는 록권과기를 돕고 키우고 자리 잡고 방해하는 네 가지의 신(神)으로 삼아 판단합니다.

가령 주성이 천부라면 록신(祿神)이 닿으면 천부의 창고에 재물이 쌓이고 권신(勸神)이 닿으면 재물이 확실하게 자기 것이 되거나 권리에 가까운 문서와 명예 이익이 생기고 과신(科神)이 닿으면 적금같이 그동안 쌓고 노력한 것에 결과를 얻으며, 기신(忌神)이 닿으면 '시비가 생긴다.' 라고 유추합니다.

또 공무원이나 다 기업에 다닐 수 있는 운은 선천이나 대운의 '록'(祿-사화 록 포함)을 찾아 확인하며, 각종시험에 합격하는 운은

'과'를 찾아 확인합니다. 승진과 발전운은 '권'을 찾아 확인하며, 사고와 사망 등 나쁜 일은 '기'를 찾아 확인 할 수 있습니다.

이런 일들은 록권과기가 삼방이나 복덕궁에 얼마나 회조하고 조력하고 있는지를 우선 알아야 하는 것입니다.

7 별의 밝기

흉성과 자미두수에서 중요하게 판단하는 것은 별의 사화 다음으로 밝기에 관한 것입니다.

실제로 이 밝기의 영향으로 흥망(興亡)이 가려지는 사례(事例)를 많이 보아왔으며, 특히 지휘(指揮)를 담당하는 제왕성인 파군, 자미, 천부 등 우두머리 별들의 밝기가 어두우면 그 행보가 어두워서 실수를 하거나 오판(誤判)하게 되며 경양 같은 흉성이 어두우면 반드시 그 해를 입고 지나갈 수밖에 없을 만큼, 별의 밝기는 상당한 영향을 미치는 것입니다.

밝기는 묘(廟)-왕(旺)-지(地)-평(平)-함(陷)의 순서로 진행되며, 지(地)의 밝기의 '0'으로 하고 묘+10, 왕+5, 지±0, 평-5, 함-10 이라고 생각 해두어야 합니다.

우리가 인지해야 할 것은 14주성은 밝을수록 흉한 의미가 줄고 길한 의미가 늘며, 어두워질수록 길한 힘을 잃고 흉한 힘이 늘어납니다. 또 보좌성은 밝을수록 길성에 도움을 주고 어두울수록 길성의 행보에 방해를 줍니다. 14주성의 밝기는 그 별 자체의 힘과 성향을 이야기 하지만 보좌성은 14주성에 끼치는 보조적인 역할의 길흉으로 가늠해야 합니다. 그러므로 항상 사화와 별의 밝기를 동시에 관찰하여 논명에 신중을 기해야 하는 것입니다.

※ 한(閑)의 경우 그 주성이 제 기능을 발휘하지 못함을 이야기 한다.

선천운 대운 유년운

보통 자미두수로 논명을 할 때 주의해야 하는 부분이 있습니다. 바로 선천운과 대운, 그리고 유년운에서의 '영향' 입니다.

선천운(先天運): 0~60세 이상의 평생(平生運)
선천명반을 통해 적성과 성향, 인품의 크기를 전체적으로 볼 수 있다.

대운(大運): 60~70년을 각각 10년씩 나누어 대운이라고 부른다.
대운은 10년 동안 이 사람이 어떤 주제로 어떤 흐름으로 살아갈 지를 가늠해 본다.

유년운(流年運): 대운 안에서 각각 1년을 유년운이라 한다.
유년운은 그 전의 해부터 앞으로의 해까지 흐름을 통해 올해 어떤 일이 일어나고 무엇을 준비해야 하는지를 알아내며 무엇이 흉하고 무엇이 길한지를 통해 준비할 수 있는 것을 파악한다.

선천운이란 그 사람의 태어난 길흉화복의 한계점과 크기를 이야기 합니다. 바로 하늘에서 받고 태어난 명이기에 웬만한 노력으로는 개혁이 힘들고 좋은 운의 한계점과 나쁜운의 한계점을 판단할 수 있는 것입니다.

어떤 사람이 선천 재물운이 '100억'의 한계를 가졌다면 그 사람은 평생 그 100억을 나누어 벌게 되는 것으로 볼 수 있습니다.

그렇다면 그 운은 언제 찾게 되는 것일까요?

위의 그림처럼 인생을 60으로 기준을 두고 각각 대운의 시작
년 수는 다르지만 6개의 대운이 나옵니다.

그럼 그 6개의 대운의 흐름 안에서 가장 금전운이 강한 1개의
대운을 찾으면 됩니다. 다시 말해서, 좋은 대운을 찾아 그 대운에
서 1년씩 유년운을 찾아가면서 그 유년 중에 재복이 강한 유년을
찾으면 되는 것입니다.

역시 나쁜 일도 마찬가지로 찾을 수 있는 것입니다. 그러나 사
람마다 성정에 따라 그 사건마다의 중요한 것이 다르기에 판단 또
한 다릅니다.

유년운이 아주 좋다고 해서 대운의 크기를 넘는 경우는 없으
며, 마찬가지로 대운이 크다고 해서 선천운을 뛰어넘지는 못합
니다.

가난한 사람이 복권을 맞아 횡재하는 경우 역시 선천운과 대
운에서 나타나는 경우가 많습니다.

별의 변성(變成)

자미두수라는 학문에서 별을 파악하는 관점에 대한 이야기입니다. 한가지의 별을 예를 들어서 이야기 해봅니다.

염정(廉貞)이란 별이 있습니다.

이 염정이란 별은 관록(官祿)을 주로 표현한다고 합니다. 또 두 번째 의미로 도화(桃花)성을 상징합니다.

이 별이 궁과 보좌성에 의해 변화되는 내용은 이렇습니다.

염정이 묘(밝고)하고 화권이면 관직과 명예에 뜻을 둡니다.

염정이 묘하고 화록이면 관직에는 이르지만 명예를 이용하여 재물을 탐합니다.

염정이 묘하고 화권되면 관직에 권력을 더하여 튼튼해 집니다.

염정이 묘하고 화기가 되면 자신에 이로움을 위해서 타인을 희생하기도 합니다.

염정이 묘하고 화기가 되면 여자는 일시적으로 접대부가 되거나 예술을 하고자 하지만 그 뜻을 이룰 수 없습니다.

염정이 묘하고 화기가 되면 치료가 가능한 수술을 하게 됩니다.

염정이 함하고 화기가 되면 생명이 위독한 수술을 하거나 사고로 피를 보게 됩니다.

염정이 함하고 화기가 되고 부모궁이 험하면 창기가 됩니다.

염정이 함하고 화록이 되면 돈을 쫓는 삶을 살게 됩니다.

염정이 함하고 화기가 되면 사기꾼이 됩니다.

염정이 함하고 화권이 되면 중소기업정도의 회사에서 지내게 됩니다.

염정이 묘하고 록존을 동궁하면 대기업에 오래도록 다닐 수 있습니다.

염정이 함하고 화기에 들고 록존을 동궁하면 완벽한 사기꾼이 되거나 돈을 위해서라면 모든 이를 버리는 사람이 됩니다. 또는 평생 사기당합니다.

염정이 묘하고 화기면 몸에 흉터가 생깁니다.

염정이 묘하지만 대운에 화기되면 그 염정은 대운동안 지위를 잃게 만듭니다.

염정이 묘하고 대운에 화록이 되면 그 대운에는 재물을 중심으로 활동하게 됩니다.

염정이 묘하고 대운에 화권이 되면 그 대운에는 승승장구 승진하게 됩니다.

염정이 묘하고 대운에 화과가 들면 명예를 위해 노력한 것에 결과를 맺습니다.

염정이 함하고 선천화기나 대운에 화록이 되면 그 대운동안 화기가 중화되어 흉사가 줄어듭니다.

염정이 함하고 선천화기, 대운에 화기되면 그 선천명반에서 가장 나쁜일이 그 대운 안에 발생하게 됩니다. 그러나 그 대운의 유년 안에 염정이 다시 화기가 되지 않으면 그 화를 피하기도 합니다. 단지 그 유년에 명궁에 마주치면 다시 화가 침범합니다.

염정이 함하고 선천화기에 대운화록이 되면 여자는 그 대운동안 매춘을 하기도 합니다.

염정이 함하고 선천화기에 대운화록이 되고 부처궁에 과숙을 띄면 여자는 유부남을 사귀게 됩니다. 혹은 속아서라도 사귑니다.

염정이 함하고 선천화기에 대운화기가 되고 믄창문곡을 동궁하면 관재 소송이 벌어집니다.

염정이 묘하고 선천화권에 대운화록이 되고 문창문곡을 동궁하고 화기를 보지 않으면 관직에 등용됩니다.

염정이 묘하고 선천화록에 대운화록이 되고 록존을 보면 그 명예나 지위가 높아집니다..

위의 나열한 경우의 수는 사실 염정을 바라보는 관점의 '3분의 1' 도 되지 않습니다. 그 이유는 위의 경우가 명궁을 기준으로 삼방대궁에 비추는 별의 밝기와 구조 좌우협궁의 밝기와 사화 등에 의해 또 변수(變數)가 발생하기 때문입니다.

위의 내용을 외워야 자미두수로 사람의 명을 볼 수가 있을까요? 그렇다면 14주성의 모든 경우의 수를 외우고 밝기를 외우고 사화의 경우의 수까지 외워야 하니 사람의 명을 놓고 논명을 하려면 많은 시간이 소요될 것입니다.

위의 내용들을 주성이 들어앉는 위치에 따른 밝기와 회조하는 별들의 구조를 정리한 것이 바로 격국입니다.

그런데, 이 격국을 먼저 익히면 격국이외에 별의 본성을 이해하지 못하는 폐단이 생깁니다. 과거시대보다 더 많은 직업과 사람들의 성향을 분류하기에는 과거에 만들어진 격국의 틀로는 감당할 수 없는 것입니다.

그래서 홍성파에서는 처음부터 격국을 버리고 별의 본성과 밝기와 사화를 공부하라고 합니다. 이 규칙만 머릿속에서 돌아가기 시작하면 위의 내용들이 자동으로 돌아가게 됩니다. 어렵지만 규칙성과 이해성에 의해 간단하게 돌아가는 신기한 것이 자미두수이기도 합니다.

위처럼 별의 의미를 운용하려면 공부와 실전, 그러니까 상담을 많이 하셔야 합니다. 상담을 하면서 배워나가는 지식과 지혜는 어떤 스승보다도 강력합니다. 글로써 전할 수 없는 것들을 만나고 얻게 되기 때문입니다.

논명술(論命術)

이제 홍성파 자미두수의 꽃인 논명술에 들어갑니다. 앞으로 강좌를 통해 배우시는 분들은 이 단원을 항상 읽고 또 읽으셔야 합니다.

지금은 몰라도 익히고 또 익힌 중에 누군가를 상담하면서 이 논명의 이치를 터득하게 될 것입니다.

자미두수의 명반을 펴고 보면 눈앞이 까마득해집니다. 무엇부터 보고 어느 것을 기준으로 보아야 할지 답답해지는 것입니다. 그래서 지금부터 그동안 유료강좌 이외에 공개하지 않았던 논명의 규칙을 알려드리겠습니다.

가. 선천명반 보기

포국의 단계는 자미두수에 관한 좋은 책들이 많이 나와 있으므로 그 책들을 통해 공부하시면 됩니다.

이 책에서는 자미두수 포국을 프로그램을 사용해서 하는 것을 권장합니다.

저는 개인적으로 대유학당의 유료 프로그램을 사용합니다. 초심자분들은 무료 배포버전 등을 구해서 사용하시는 것이 좋습니다.

[자미두수 선천명반]

大三紅火右巨 耗台鸞星弼門 　　旺平平 　　25~34　辛 　　【福德】巳 大亡龍 耗神德絶	截天封天文廉 空福詰姚昌相貞 　　　　陷旺平 　　35~44　壬 　　【田宅】午 伏將日 兵星虎胎	寡地鈴陀天天 宿空巫羅鉞梁 　平旺廟旺旺 　　45~54　癸 　　【官祿】未 官攀天 府鞍德義	天天祿天七 傷哭存曲殺 　　廟平廟 　　55~64　甲 　　【奴僕】申 博歲弔 士驛客生
天陰貪 虛煞狼 　　廟 　15~24　庚 　【父母】辰 病月歲 符煞破基	성명 : , 陽男 陰曆 庚戌年 6月 9日 辰時 生 命局 : 土五局 命主 : 廉貞　　身主 : 文昌		天八擎左 壽座羊輔同 　　陷陷平 　　　　忌 　65~74　乙 　【遷移】酉 力息病 士神符浴
天天地太 月貴劫陰 　　平陷 　　　科 　5~14　己 　【命】卯 喜咸小 神池耗死			紅天台武 艷使輔曲 　　　廟 　　　權 　75~84　丙 　【疾厄】戌 青華太 龍蓋歲帶
旬天龍天紫 空廚池刑府微 　　　廟廟 　　　　　戊 　　【兄弟】寅 飛指官 廉背符病	破天恩天天 碎才光魁機 　　　旺陷 　　　　　己 　　【夫妻】丑 奏天貫 書煞索衰	解基年鳳破 神廉解閣軍 　　　　廟 　　　　　戊 　　【子女】子 將災喪 軍煞門旺	天孤天天太 官辰空喜陽 　　　　陷 　　　　祿 　85~94　丁 　【身財帛】亥 小劫晦 耗煞氣冠

우선 이렇게 한 사람의 생년월일을 입력하고 선천명반을 펴놓습니다. 그리고 제일먼저 명궁을 살펴봅니다.

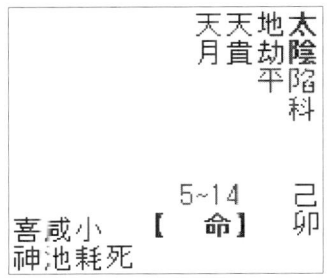

121

이 사람의 명궁에는 태음성(太陰星)이 '함(陷)'의 상태입니다. 이것은 '태음이 가진 성향이 어둡게 나타나게 된다.'는 뜻이 됩니다. (사화는 일단 나중에 해석합니다.)

두 번째로 보좌성 흉성을 살펴봅니다.

지겁(地劫)이 평한 상태로 놓여있습니다. 이것은 주성인 태음의 에너지를 빼앗기는 것으로 봅니다. 태음의 에너지 중에 빼앗길 것은 무엇이 있을까요? 바로 꾸준하게 들어오는 '작은 재물'을 뜻합니다. 그러므로 재물을 모으기 힘든 것을 말합니다.

다음으로 잡성인 천귀(天貴)와 천월(天月)이 있지만 천월은 '病'을 이야기 하니 몸이 약한 것을 말하고 천귀는 이 사람의 관상이나 외모에 귀기(貴氣)가 흐른다고 볼 수 있습니다. 가난해도 가난해보이지 않는 상(像)을 말합니다.

다음으로 삼방의 순서대로 살펴봅니다.

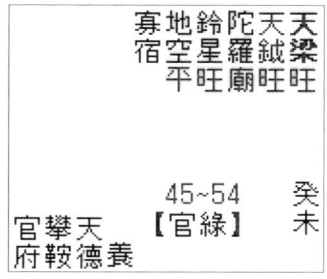

이 사람의 관록궁(官祿宮)은 천량이 왕(旺)하게 앉아 있습니다. 이것은 관리와 감독의 별로 그런 업종에 속하면 좋다는 의미가 됩니다. 보좌성인 천월(天鉞)은 이 사람의 직업에 관해 도와주는 '나이든 사람의 인연이 있다' 라고 해석합니다. 타라(陀羅)와 영성(鈴星)은 이 사람의 남모르는 고통을 이야기하고 그 고통으로 인해 지공(地空)의 영향을 받아 직장을 쉽게 그만두게 되는 영향을 보여줍니다. 잡성인 과숙(寡宿)은 직장에서 동료들 간에 외로움을 보여주는 것입니다.

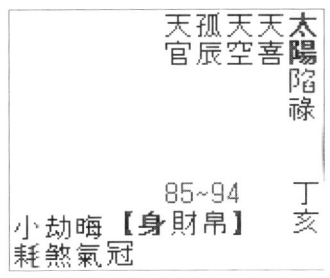

다음은 재백궁으로 태양이 어둡게 함(陷) 화록(化祿)이 되어 들어있습니다. 이것은 이 사람의 일생(一生) 중에 큰 재물(財物)을 의미하기도 하지만 그 빛이 어둡기에 일시적이거나 들어오면 명궁의 지겁(地劫)의 영향을 받아 사라지는 재물로도 볼 수 있습니다. 보좌성은 없고 잡성들이 천희(天喜), 천공(天空), 고진(孤辰), 천관(天官)으로 이어져 있으니 천관은 관록궁이 아니기에 기운을 잃었고 고진역시 육친궁이 아니기에 힘을 잃습니다. 단지 천공의 공망성이 재물을 지키기 어렵다는 것을 말하며 천희의 에너지가 태양과 함께 일시적인 이익을 함께 보여주고 있습니다.

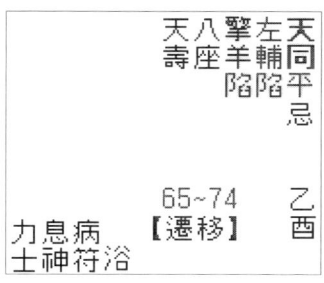

　　삼방을 둘러보았으면 천이궁을 살펴 이 사람의 사회적인 상황을 예측해봅니다.

　　천이궁에 들어있는 천동(天同)은 커뮤니케이션의 별입니다. 이 커뮤니케이션의 별이 천이궁에서 어둡다는 것은 사회적인 대인관계가 원만하지 못함을 뜻하게 됩니다. (사화는 나중에 해석하지요) 보좌성인 좌보(左輔)가 어두우니 동료, 또래로 부터의 손재수와 이용당하는 일을 겪고 나서 인맥이 끊기는 일들을 반복하게 되고 흉성인 경양(擎羊)이 함(陷)에 들어있으므로 교통사고나 사람들과의 다툼을 주의해야 합니다.

　　경양성이 흉하지만 잡성인 팔좌(八座)와 천수(天壽)성이 길성으로 비춰주고 있으니 이런 경우 싸워서 크게 다치거나 교통사고로 목숨을 잃는 것을 막아주는 역할을 하게 됩니다.

　　이렇게 삼방과 대궁을 살폈으면 삼방과 대궁의 전체적인 회조를 판단해봅니다.

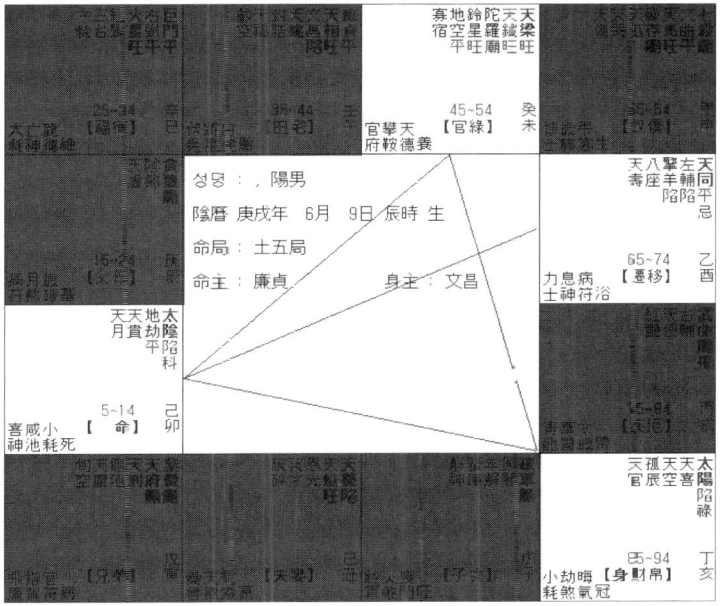

위의 그림처럼 삼방과 대궁의 회조를 살펴보면,

첫 번째 이 사람의 직업은 공겁(지공, 지겁)의 영향으로 자주 바뀝니다.

두 번째 이 사람의 재물운은 꾸준히 돈을 모으기는 어렵고, 나중에 좋은 대운에서 한번 정도 돈을 갑자기 벌지만, 그 돈 역시 다음 대운에는 사라질 것입니다.

세 번째 이 사람은 사회활동에서 배신을 많이 당하며 자주 인맥이 바뀌면서 살아가게 됩니다. 특히 주변에 친한 사람들이 이 사람을 이용하거나 배신해서 곤란을 겪게 만듭니다.

그리고 사화(四化)를 통해 주성들이 제 기능을 얼마나 수행할지를 살펴봅니다.

명궁의 '과(科)'는 태음에게 흉하고 힘들어도 이 사람이 발전해 나갈 수 있는 에너지를 보충해주고, 재백궁의 록(祿)은 일시적인 재물이 일어날 때 어두운 태양이 일시적으로 밝아질 수 있도록 도움을 주며, 천이궁의 기(忌)는 천동성이 힘을 잃을 때 시비를 덧붙여 인간관계에서 시비구설을 더 크게 일으킵니다.

　이렇게 삼방과 대궁의 평을 한 후에 이 사람의 '노력과 상관없이 얻을 수 있는 것은 무엇인가?'를 살펴봅니다. 전에 말씀드렸듯이 바로 복덕궁입니다.

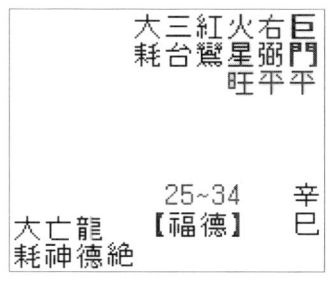

　거문(巨門)성은 밝아야 순(順)기능을 합니다만 이 경우에는 약간 어두운 정도기에 비평(批評)의 별로 판단합니다. 저 비평의 별은 이 사람의 정신적인 부분에 영향을 주는데 대인관계를 비롯하여 자기 자신에게 까지 비평을 하는 별이라 천이궁의 커뮤니케이션 문제에도 이 복덕궁의 거문성이 영향을 미쳐 문제를 일으킵니다. 또, 자신이 원하지 않아도 시비와 구설이 생깁니다. 보좌성인 우필(右弼)성도 약간 어두운 쪽에 앉아있으므로 이 우필의 에너지는 거문성에게 도움을 주지 못하고 쉽게 인연을 맺고 쉽게 인연이 끊어지는 동료들을 상징합니다. 복덕궁은 재백궁과 상호에너지를 교환하는데 잡성인 홍란(紅鸞)은 대궁의 천희와 함께 일시적인 발복을 암시합니다. 삼태(三台)와 대모(大耗)성은 그 재물을 소비하는 쪽의 에너지이므로 이 사람의 재물이 오래가지 못한다는 것을 보여줍니다.

그래서 이 사람의 삶의 태도를 복덕궁을 통해 엿볼 수 있는데 "끊임없는 사람들과 교류를 하지만 사람들과 관계를 유지하기 힘들다. 그 이유는 사람들과 자신에 대해 비평적인 태도로 일관하기에 가까이 하기 어려운 사람이다." 라고 판단할 수 있는 것입니다.

그리고 다음 단계로 이 사람의 육친에 대해 알아봅니다.

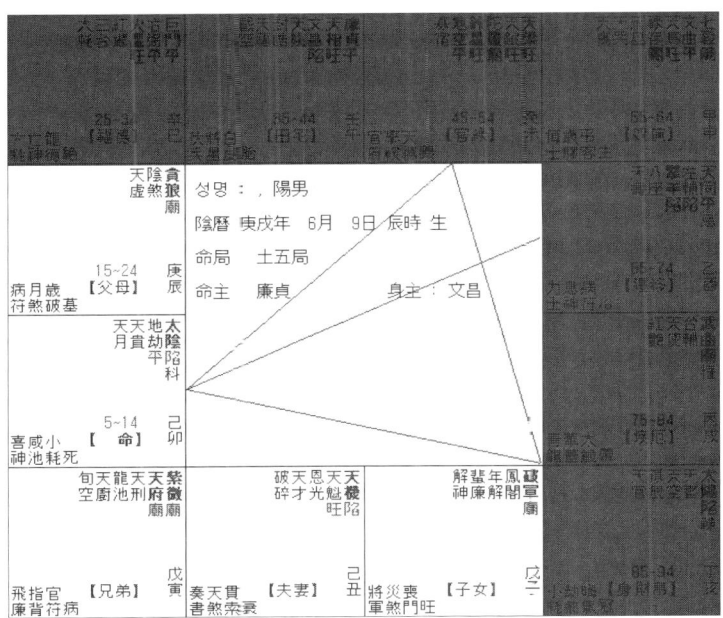

밝은 부분이 이 사람의 육친에 해당합니다.

부모, 형제, 부처, 자녀궁입니다.

일부 학파에서는 부모궁은 사회적인 윗사람들을 뜻하고 형제궁은 동료를 뜻한다고 하지만 전혀 다릅니다. 홍성파식에선 이렇게 기억하세요.

"선천의 부모, 형제궁은 부모형제를 뜻하고, 대운과 유년에서만 사회적인 인맥을 포함해서 판단한다."

아시겠죠?

먼저 부모궁을 살펴봅니다.

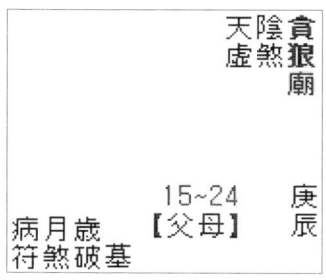

이 사람의 부모궁에는 탐랑(貪狼)성이 밝습니다. 부모궁을 기준으로 삼방을 보면 칠살, 파군이 배치되어있습니다. 그러므로 독립적인 일을 직업으로 삼았을 가능성이 있으며 부모궁의 음살(陰殺)은 부모가 종교계의 일이나 무업, 역학에 관심을 가졌을 가능성이 있습니다. 그러나 무조건 그런 것은 아닙니다. 저 음살은 이 사람과 부모 간에 감정이 좋지 않음을 뜻할 때도 많으므로 그 부분 또한 파악해야 하는 것입니다. 부모궁의 천허(天虛)는 종교적인 면으로도 보며, 또 하나는 이 사람과의 관계에서 마치 공망성처럼 '자리를 비움'으로 해석하여 부모와 떨어져 살거나 부모님 중에 한

분이 자신과 같이 살지 않음으로 판단 할 수 있습니다.

다음으로는 육친 중에 형제궁을 살펴봅니다.

선천의 형제궁은 이 사람의 형제에 대한 상황으로 봅니다.

```
               旬天龍天 天紫
               空廚池刑 府微
                        廟廟


                             戊
     飛指官  【兄弟】          寅
     廉背符病
```

형제궁의 자미(紫薇), 천부(天府)성은 형제가 둘 이상이 있음을 암시합니다. 또 두별이 밝다는 것은 그 형제가 각각 잘 살아갈 것을 알려주고 있습니다. 단지 형제궁의 천형(天刑)은 이 사람과 형제간의 관계가 ⿰로 '멀다', 또는 '다툰다'로 볼 수 있습니다. 용지(龍池)와 천주(天廚)는 먹을 복이 있거나 재주가 있는 형제가 있음을 말하고 순공(旬空)은 형제간의 우애가 별로 없음을 이야기 합니다.

```
               破天恩天 天
               碎才光魁 機
                     旺 陷


                             己
     奏天貫  【夫妻】          丑
     書煞索衰
```

다음은 부처궁입니다. 연애운을 보는 것이 아니라 선천적인 결혼운이 어떤가를 보는 것입니다. 주성인 천기(天機)가 함(陷)에 들었으니 똑똑하지만 이기적인 사람이라 볼 수 있으며 천괴(天魁)성을 함께 했기에 윗사람의 도움으로 만나게 될 것을 암시합니다. 은광(恩光)은 외모가 준수함을 말하고 천재(天才)는 재주 있는 '배우자'를 뜻합니다. 파쇄(破碎)는 다툼을 잦을 것을 암시하지요.

외모를 추측할 때는 주성의 외모를 생각해야 하는데 천기성은 마른 편에 속하고 약간 조숙(早熟)해 보이는 외모를 갖게 합니다.

다음이 자녀궁입니다.

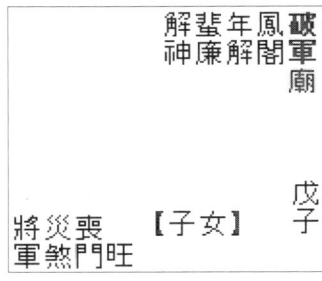

예전에는 자녀궁의 주성으로 몇 명인지를 예측했지만 지금은 그렇게 예측할 수 없습니다. 일부러 많이 낳지 않는 가정도 있어서 더욱 그런 내용들이 현실에 맞지 않습니다. 다만 주성에 따라 자녀가 있고, 없음과 그 미래에 대한 예측, 자신과 '가정에서 융화가 잘되는가?'를 살펴볼 수 있는 것입니다.

그러므로 이 경우 파군(破軍)성은 자녀가 독립심이 강한 것을 나타내고 있고 봉각(鳳閣)은 외모의 수려함을 뜻하며 비렴(蜚廉)

은 자녀의 구설수와 말이 많음을 해신(解神)은 년해(年解)와 함께 그 인연이 박함을 이야기 합니다.

이런 경우 자녀가 성년이 되면 바로 독립하여 자신의 품을 떠나게 되는 것입니다.

그 외로 복덕궁은 조상을 뜻할 때도 있지만 거의 그런 식의 해석은 하지 않습니다. 단지 조상이 물려주는 재록을 표현하는 경우만 있습니다.

다음으로 항상 육친을 볼 때는 육친궁을 기준으로 삼방을 살펴 그 육친의 관록과 재백을 어렴풋이 판단해 볼 수 있습니다.

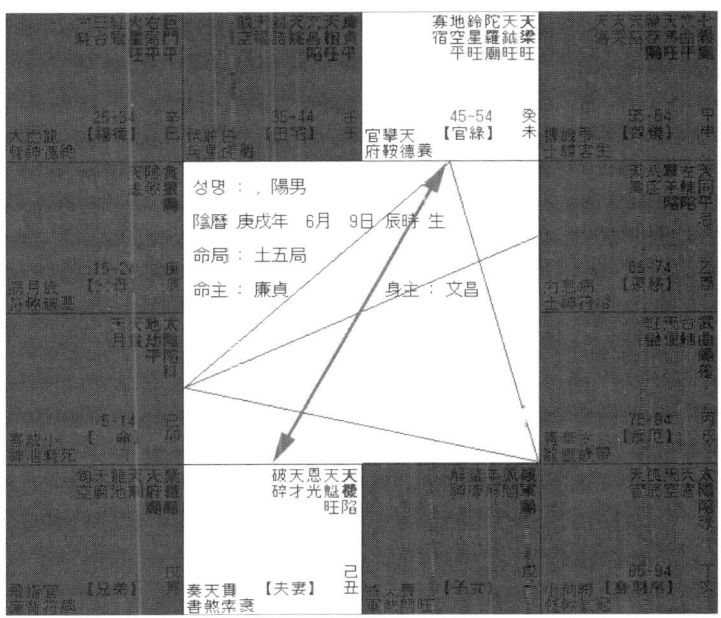

특히 부처궁은 관록궁인 대궁과의 에너지교류가 가장 활발한

궁으로 부처궁의 에너지가 약한 사람이 결혼을 하면 자신의 관록궁에서 에너지를 끌어다 쓰게 되어 관록궁이 약화되는 경우도 있고, 결혼을 하지 않고 독신으로 지내게 되면 부처궁의 에너지를 관록궁으로 보태어 사용하는 경우도 수없이 보아왔습니다. 그래서 자미두수의 12궁은 전부 대궁으로 에너지를 교환하고 있으며 삼방으로 에너지를 회조하고 있음을 알아야 합니다. 단편적인 판단으로 이궁이 나쁘면 단순히 '궁이 나쁘다'라고 말할 수 없는 것이 이런 이치에 있는 것입니다.

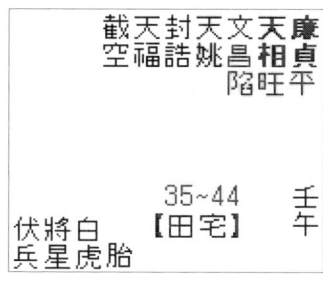

다음으로 나머지 궁을 관찰하면 전택궁이 있습니다.

전택궁은 토지, 가택소유에 대한 길흉을 볼 수 있는데 이 경우에 염정(廉貞)은 집을 선호하는 데에 있어서 깨끗하고 외형적으로 보기 좋은 곳을 선호하는 것이 됩니다. 천요 역시 그런 역할을 함께 한다고 볼 수 있으며, 천상(天相)은 염정이 일으키는 무리한 구입 및 보증으로 인한 손실 등을 막아주는 역할을 합니다. 절공(截空)은 공망성이나 전택궁은 부동산이기에 잡성공망이 영향을 주기 어렵습니다. 문창(文昌)이 어두운 것은 사기문서와 시세파악이 안되는 문제를 나타내므로 자신의 고집으로 인해 조금 손해를 보고

'비싸게 집을 구입한다.' 라고도 판단할 수 있는 것입니다. 이렇게 주성의 성격을 기반으로 보좌성 흉성 잡성의 흐름대로 해석해나가면 궁에 대한 판단이 어렵지 않은 것 입니다.

전택궁에서 알아낼 수 있는 것은 선천으로부터 물려받는 토지와 전답의 상태, 그리고 자신이 구하는 부동산, 그리고 대운부터는 옆의 관록궁에서 미치는 영향으로 직장의 환경 및 재정을 비유하여 알아볼 수 있습니다.

대인관계 중에 중요한 궁(宮)중에 하나는 바로 노복궁입니다. 어떤 학파에서는 '교우(交友)' 궁이라고 부르기도 합니다. 그 이유는 노복궁의 의미가 '노비' 와 '부하'를 뜻하는데 현대에는 노비가 없기에 궁명자체를 사회적인 친분을 뜻하는 교우궁으로 고쳐 부르기도 하는 것입니다. 그러나 다시 한 번 생각해보면 그럴 수 없다는 것을 알게 됩니다. 세상은 누구에게나 평등하다고 하지만 사회적 업무에서 만나는 사람들은 반드시 지위의 고하(高下)가 있기 마련이기 때문입니다.

팀장이 있으면 팀원이 있고, 사장이 있으면 직원이 있으며, 요리사가 있으면 보조 요리사가 있듯이 분명히 사회에는 누구에게나 지위가 존재하고 그 높이에 따라 아랫사람이 존재하는 것입니다.

그래서 노복궁은 사회생활을 하는 업무와 관련된 아랫사람들을 뜻하며 만약 아랫사람이 없다면 선후배의 관계까지 확장해서 보는 것입니다.

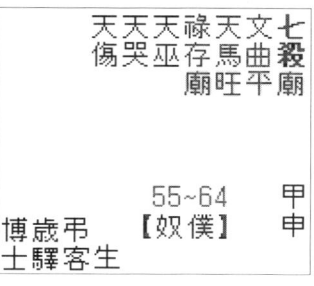

　　이 사람의 경우 노복궁을 보면 칠살(七殺)이 있습니다. 이 칠살이 아랫사람에게 있다면 이 사람은 아랫사람들에게 휘둘리거나 하극상(下剋上)을 당하게 됩니다. 그러나 칠살이 밝기에 하극상이 있어도 제어가 되는 상황으로 판단할 수 있고, 또 문곡(文曲)은 아랫사람과 문서관리를 잘 해야하는 것을 암시하며 천마(天馬)와 녹존(祿存)은 아랫사람들을 잘 다뤄야 이익이 있음을 말하는 것입니다. 만약 대리점을 운영하는 사람이라면 배송차량을 운행하여 이익을 보는 것과 같은 이치입니다. 천무(天巫), 천곡(天哭), 천상(天傷)은 노복궁에서는 사건이 있다해도 이 사람에게 영향을 미치기 어렵기에 무난하게 넘어가게 됩니다.

　　이번엔 질액궁을 살펴보는데, 선천질액궁은 이 사람이 타고난 질병의 운을 보는 것으로 선천적으로 오장육부(五臟六腑) 중 어디나 나쁜지, 또는 고질병이 있는지를 살펴보는 것입니다.

　　그렇기에 이 궁에 들어선 주성들이 밝으면 그 병은 쉽게 치료나 관리되고 그 주성들이 어두우면 그 병은 관리가 힘들고 입원하거나 고통을 겪게 됩니다.

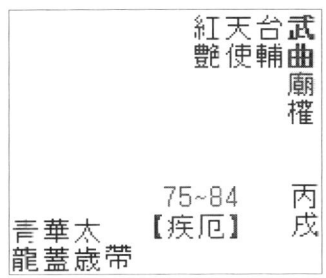

    이 사람의 경우에는 선천질액궁에 무곡(武曲)이 화권(化權)되어 있습니다. 전서에서는 '수족(手足)과 얼굴을 상할 수 있고, 어두우면 눈과 수족에 병이 생긴다' 라고 합니다. 이 뜻은 무곡이라는 활동성이 질병으로 변환되면 그 '활동성에 문제가 생긴다.' 라는 뜻입니다. 즉, 다리와 손 등에 문제가 있을 가능성을 보여주지만 별이 밝고 사화가 좋으면 그 재액은 일어나지 않거나 가볍게 지나가게 되는 것입니다. 홍염은 도화성으로 가벼운 성적(性的)인 질병을 예고하고 천사(天使)성은 역할을 하지 않으며 태보(台輔) 역시 궁과 결합되지 않기에 역할을 하지 않습니다.

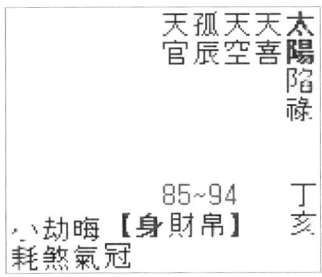

    마지막으로 신(身)궁을 살펴봅니다. 신궁은 그 뜻대로 몸의 형

태, 또는 명궁이 드러나지 않는 자신이라면 신궁은 드러나는 자신을 뜻합니다. 그렇기에 명궁과 신궁이 같은 곳에 앉은 사람은 자신을 타인에게 속이지 못하고 솔직 담백해지기도 합니다. 이 사람은 신궁이 재백궁에 들어갔습니다. 재백궁의 주성은 태양(太陽)성으로 밝기가 어두워 작은 몸 크기를 알 수 있고, 현실적으로 고진의 영향을 받아 외롭게 살것을 예상할 수 있습니다. 또 재백, 즉 금전운에 따라 운명이 좌우됨을 예상할 수 있습니다.

지금까지 한 사람의 명반을 두고 선천운을 평가해 보았습니다. 이렇게 판단하는 것이 가장 기본이 되어 이 사람의 선천적인 그릇 크기를 가늠해 보는 것입니다. 이 사람이 어떤 적성을 가지고 태어났는지 어떤 재능을 가지고 있는지, 또한 인맥관리는 어떠한지, 재물을 지키는 능력과 관직에 임하는 태도 등을 선천명반을 통해 알아 볼 수 있는 것입니다.

나. 대운명반 보기

이번에는 대운을 살펴보겠습니다.

대운은 10년씩 유년을 묶어서 그 주제를 살펴봅니다. 아래의 그림처럼 사람마다 다르게 시계방향과 반시계방향으로 한 칸에 십년씩 이동합니다.

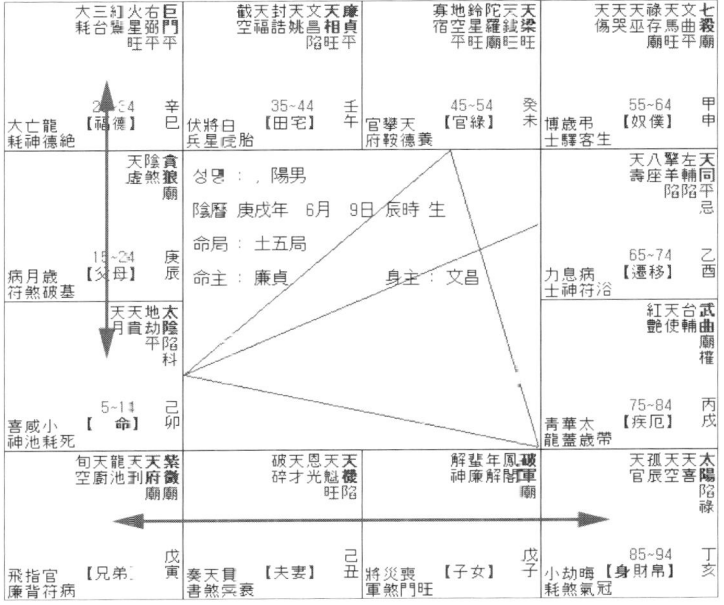

양남, 음남, 양녀, 음녀의 규칙에 따라 명궁부터 시작해서 시계방향과 반시계방향으로 대운이 흐르는 방향이 정해집니다.

대운의 주제를 살펴보면, 우선 시계방향으로 흐르는 사람은 명궁 → 부모궁 → 복덕궁 → 전택궁 →관록궁으로 흘러갑니다. 이런 경우 타어나 부모의 영향을 많이 받으며 복덕궁에 닿으면 현재의 현실보다 자신이 좋은 것을 따라 가는 주제를 연결합니다. 전택궁에 닿으면 자리를 잡기위해 살아가며, 관록궁에 닿았을 때 비로소 자신의 터전에서 지위를 지킵니다. 이후 노복으로 넘어가면 아랫사람을 키우거나 부리며 살아가게 되는 형식입니다.

반대 방향으로 흐르는 경우에는 명궁 → 형제궁 → 부처궁 → 자녀궁 → 재백궁 쪽으로 흘러 삶의 주제가 10년에 한번 씩 바뀌게 되는 것입니다.

　형제궁일 때는 자신의 형제들과의 주제와 그 때의 사회성(친구를 사귀는 등의 활동을 통해)에 더 심취하게 되고 다음 대운에서는 결혼이 주제가 되어 혼사를 치루거나 혼사로 인한 우여곡절을 겪게 됩니다. 그리고 자녀를 키우고, 재물을 모으거나 잃는 등의 주제로 전환이 되는 것입니다.

　이것을 순서대로 논명 한다면 이렇게 됩니다.

1대운 명궁

```
                    天天地 太
                    月貴劫 陰
                       平  陷
                           科

              5~14      己
         【 命 】        卯
  喜咸小
  神池耗死
```

　이 사람은 1세부터 14세 까지 태어나면서 모친의 건강이 나빴을 것이고(太陰陷) 또는 집안 재물에 손실이 있었을 때 태어 났을 것입니다.(地劫平)

2대운 명궁

```
                    天陰 貪
                    虛煞 狼
                        廟

              15~24     庚
         【 父母 】       辰
  病月歲
  符煞破基
```

부모의 슬하에서 자라며 강압적인 부모(貪狼, 살파랑)로 인해 억눌림을 받고 자랐으며 종교나 신비문화 쪽, 또는 예능계통에 많은 관심을 가지고 자랐을 것입니다. (탐랑과 음살의 변화)

3대운 명궁

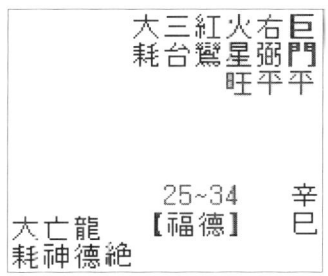

25세~34세 사이에 자신이 하고자 하는 일들을 시작하고 또 그에 대한 불평이나 불만이 쌓이는 시기입니다. 자신의 뜻대로 되지 않음을 비평하는 시기로 친구를 얻어도 구설에 쌓여 친구가 등을 돌리니 항상 마음이 불안합니다. 만약 종교계나 역학 또는 카운슬링, 학원강사 등을 하고 있다면 오히려 안정적인 삶을 살고 있을 것입니다. 그러다 갑작스럽게(火星) 이성운(紅鸞)이 발동하여 이성으로 인한 낭비(三台, 大耗)가 생깁니다. 만약 직업으로 거문의 에너지를 잘 소비하고 있다면 이 사람은 이때쯤 결혼합니다.

4대운 명궁

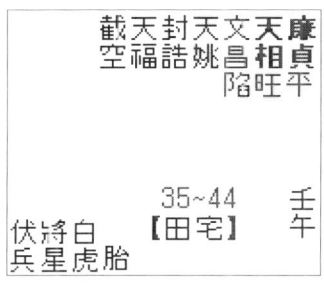

35세~44세에 들어 자신이 일하고자 하는 업계에서 자신의 자리를 잡아나갑니다. 안정되지는 않았지만 염정과 천상이 취업이나 자신이 하는 일을 돕습니다. 단지 문창이 어두우니 공직은 어렵고 비정규직이나 명예가 별로 없는 곳에서 또는 종교나 역학계에서 안정을 찾고 있을 것입니다. 하지만 천요성이 비치니 이성과 관련되어 수익을 얻게 될 것입니다.

　　단, 이 사람이 결혼을 했다는 가정아래 저 천요성을 이성교제로 받아들인다면 반드시 관직을 놓치게 될 것입니다. 태보와 천복은 이 사람의 활동에 도움을 주어 남들보다 더 쉽게 자리를 잡게 됩니다. 절공은 약하고 재물을 뜻하는 별과 궁이 아니기에 영향을 주지 못합니다.

5대운 명궁

```
                       寡 地 鈴 陀 天 天
                       宿 空 星 羅 鉞 梁
                       平 旺 廟 旺 旺

                            45~54         癸
             官 攀 天      【官祿】         未
             府 鞍 德 養
```

　　45세 ~ 54세 사이에는 자신이 하는 일에 관록이 생겨 안정을 찾아야 하는 시기입니다. 이 사람은 천량성을 두고 있으므로 관리와 감독, 또는 연구하거나 지키려고 하는 상태입니다. 자신을 돕는 윗사람이 있어서 안정적이지만 타라와 영성은 이 사람이 남들에게 말 못 할 고민이 많음을 말하고 있습니다. 또한 지공성은 정신적인 일을 많이 하고 있는 때라면 이익이 되지만 물질적인 이익을 탐하고 있다면 그 재물이 지공의 영향을 받아 사라지는 문제를 안고 있게 될 것입니다. 과숙성은 단지 이 사람의 고통을 알아주는 이가 없어 정신적으로 항상 외롭다는 것을 암시합니다.

6대운 명궁

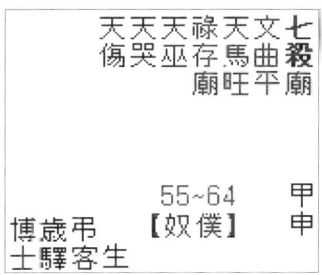

55세 ~ 64세에 들어 아랫사람으로 인해 재물을 벌어들이는 격으로 이 사람은 명예와 재물이 많습니다. 만약 이전의 5대운에서 실패했다면, 이 사람은 이때에 록존은 사라지고 천마만 남아 돌아다니며 살게 될 것입니다.

대운 명궁의 흐름을 이런 식으로 한번 길흉을 가늠해야 합니다. 그렇게 해서 처음에 본 선천운의 크기가 앞으로 어떻게 흘러갈지 대략 가늠해 볼 수 있는 것입니다. 그리고 이제부터 본격적인 대운의 운세를 판가름 해봅니다.

이 사람의 현재 대운을 살펴보면 이렇게 봅니다.

大三紅右巨 耗台鸞星弼門 　　　　旺平	截天封天文**廉** 空福詰姚昌**相貞** 　　　　　陷旺平	寡地鈴陀天 宿空星羅**鉞梁** 　　平旺廟旺旺 　　　　　　祿	天天天祿天文**七** 傷哭巫存馬曲**殺** 　　　　　廟旺廟
大亡龍　25~34 44辛 耗神德絕【福德】癸巳 　　　　　【大兄】	伏將白　35~44 壬午 兵星虎胎【田宅】 　　　　　【大命】	官攀天　45~54 癸未 府鞍德義【官祿】 　　　　　【大父】	博歲弔　55~64 35甲 士驛客生【奴僕】甲申 　　　　　【大福】
天陰貪 虛煞**狼** 　　廟	性別: 陽男 陰曆 庚戌年 6月 9日 辰時 生 命局 : 土五局 命主 : 廉貞　　身主 : 文昌		天八擎左天 壽座羊輔**同** 　　陷陷平 　　　　　忌 　　　　　科
病月歲　15~24 43庚 符煞破基【父母】辰 　　　　　【大夫】			力息病　65~74 36乙 士神符浴【遷移】乙酉 　　　　　【大田】
天天地太 　　劫**陰** 　　平陷 　　　　科			紅天台**武** 艷使輔**曲** 　　　廟 　　　　權 　　　　忌
喜咸小　5~14 42己 神池耗死【　命　】卯 　　　　　【太子】			青華太　75~84 37丙 龍蓋歲帶【疾厄】丙戌 　　　　　【大官】
旬天龍天**紫** 空廟池府**微** 　　　　廟廟 　　　　　權	破天恩天天 碎才光魁**機** 　　　　旺陷	解蜚年鳳**破** 神廉解閣**軍** 　　　　　廟	天孤天天**太** 官辰空喜**陽** 　　　　陷平 　　　　　祿
飛指官　【兄弟】41戊 廉背符病【大財】戊寅	奏天貫　【夫妻】40己 書煞索衰【大疾】己丑	將災喪　【子女】39戊 軍煞門旺【大遷】戊子	小劫晦【身財帛】85~94 38丁 耗煞氣冠【大奴】丁亥

　선천 명반에서 이 사람의 현재(2012년) 대운을 놓으면 35세 44세의 전택궁이 대운의 명궁이 됩니다. 아까 말씀드린 대로 전택궁이 이 사람의 주제가 되는 것입니다. 우리가 항상 대운을 볼 때 자미두수를 공부하는 사람이 어려워하는 것은 어떤 관점으로 보아야 합니까? 라는 것입니다.

　선천명궁의 주성은 '불변' 합니다. 대운명궁의 주성은 단지 선천명궁의 별이 대운명궁의 별에 해당하는 행위를 한다는 것입니다. 예로든 명반의 경우 "태음성이 자신의 터전을 닦기 위해 염정천상의 성향으로 살아간다." 라고 하는 것입니다. 그리고 그 관점에서 대운의 삼방과 대궁을 보는 것입니다.

[대운의 삼방과 대궁]

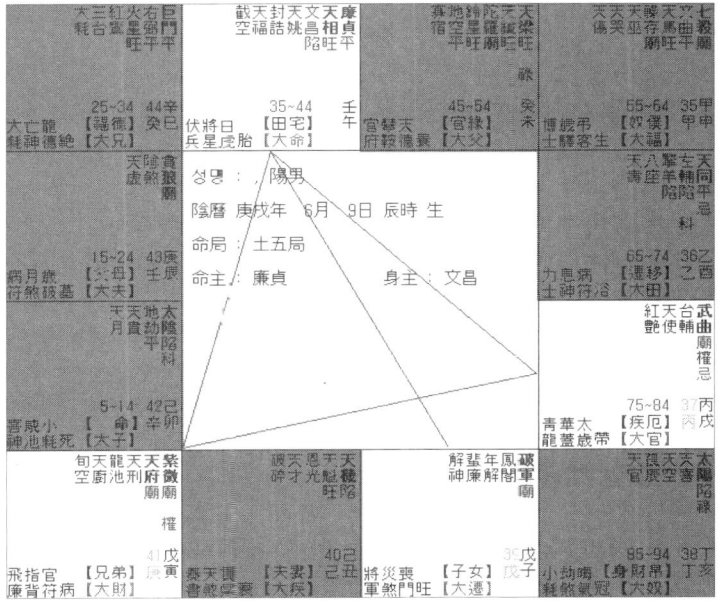

예를 들어 풀이를 한다면, 이 사람은 35세 44세의 대운에서 자신의 터전을 닦기 위해 노력합니다.

그러나 문창이 어두우니 아마도 역학인이 되어있든지 비(非)문서를 다루고 있을 가능성이 있고, 관록궁의 무곡화기는 자신이 움직여서 해결해야만 하는 문제들을 말합니다. 활동을 상징하는 무곡이 대운에서 화기가 되면 하는 일마다 실수가 많고 방해가 많아 평소보다 두 배나 바쁘게 일해야 합니다.

또 재백궁의 자미와 천부는 재물을 벌어들이는 태도와 크기와 시비를 말하는데 재물에 집착을 버리고 천천히 벌어나간다면 문제가 없지만 큰 재물을 벌어들이려면 천형성이 발동하여 시비와 관재를 불러일으킵니다.

만약 그런 식으로 불화가 생긴다면 잡성인 순공이 발동하여 재화가 사라지기도 합니다. 그러나 자미성과 천부성은 나쁜 일에 대한 면역(解厄力)이 있기에 크게 나쁘지는 않습니다.

만약 종교계나 역학, 한의 등 계통에 종사하고 있다면 그렇게 나쁜 일은 없겠지만 재물에 욕심이 들끓는 일들 또는 도화를 업으로 삼아 불순한 일을 하고 있다면 아마도 이 대운 기간 동안 득재(得財)와 파재(破財)가 번갈아 일어날 것입니다.

그리고 주의해서 보아야 할 것이 또 있습니다.

바로 사람을 얻게 되는 궁입니다.

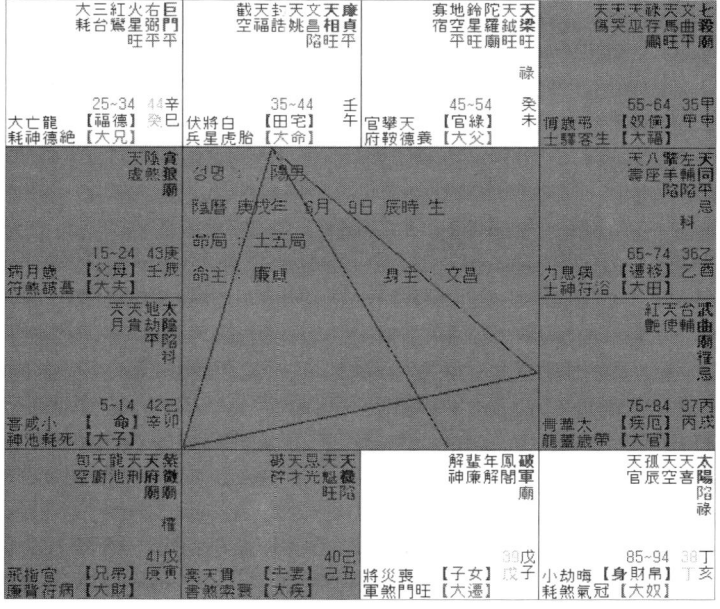

위의 밝은 궁처럼 형제, 부모, 천이, 노복궁은 자신이 일을 해나가면서 얻게 되는 인맥을 뜻합니다.

이런 궁에는 좌보, 우필이나 천괴, 천월이 앉아야 도움이 되는 사람들을 얻게 됩니다.

나머지는 역시 선천운을 해석할 때처럼 천천히 한 궁씩 읽어나갑니다. 분명히 해야 할 것은 절대로 선천명궁의 별을 잊고 해석해서는 안 되며, 그것을 기준으로 십년기간의 운이라는 것을 명심해서 풀어나가야 합니다. 좋든 나쁘든 십년 안에만 일어난 다는 것입니다.

다. 유년명반 보기

유년명반은 1년의 운세를 파악할 때 사용합니다.

그런데 왜 일년운이라 하지 않고 유년(流年)이라고 할까요? 바로 흐름 때문입니다. 일년을 일년으로만 보지말고 전후 하를 살펴서 길흉의 흐름을 잡아야 하기 때문입니다.

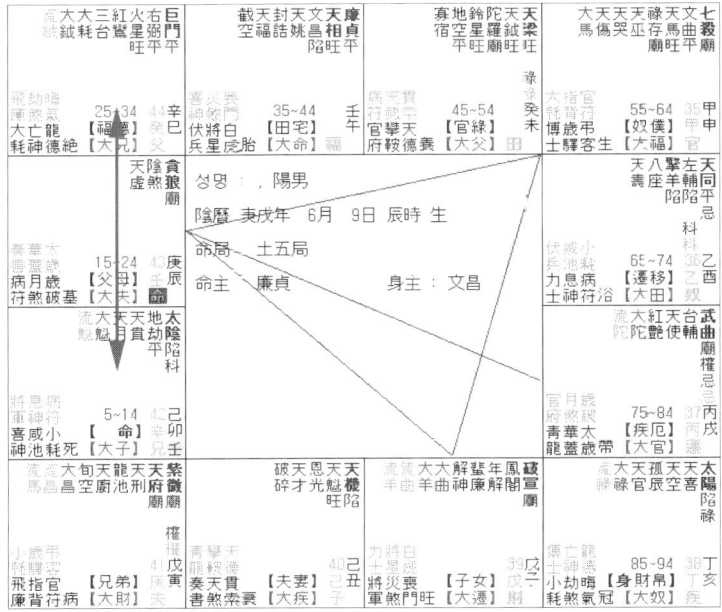

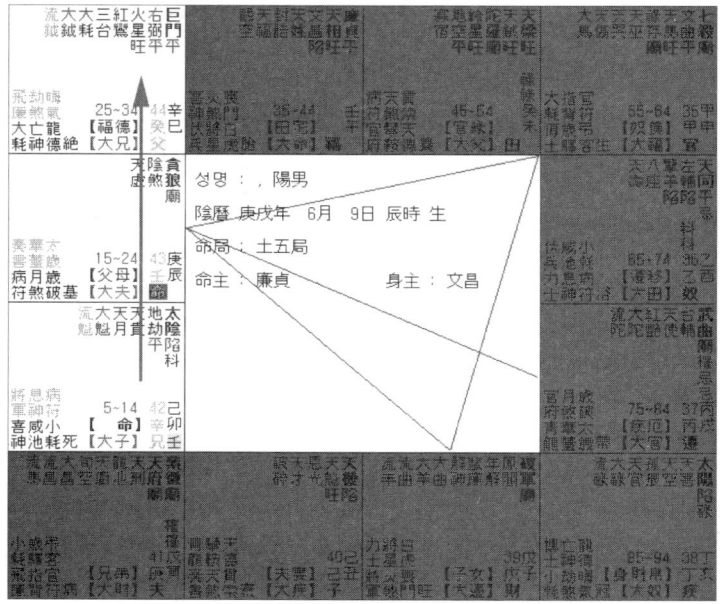

위 사람의 2012년 진궁을 명궁으로 삼는다면 유년의 운을 논할 때는 반드시 그 이전의 해인 묘궁과 다음해인 사궁까지 묘, 진, 사 궁을 차례로 봐야 하는 것입니다.

이렇게 훑어보면 2011년은 태음이 어둡고 지겁의 영향으로 재물에 손실이 있었습니다. 2012년은 탐랑이 밝고 음살이 비추어 이전과 다른 새로운 일을 할 가능성이 높아집니다. 그렇게 한 일을 기반으로 2013년에 거문성의 대외활동력과 우필의 새로운 인맥구성, 화성과 홍란의 갑작스러운 경사등으로 이 사람의 대외적인 활동이 많아집니다. 이렇게 흐름을 보고나서 2012년의 운세를 가늠해봅니다. 물론 아래의 그림처럼 삼방과 대궁을 우선시해서 봅니다.

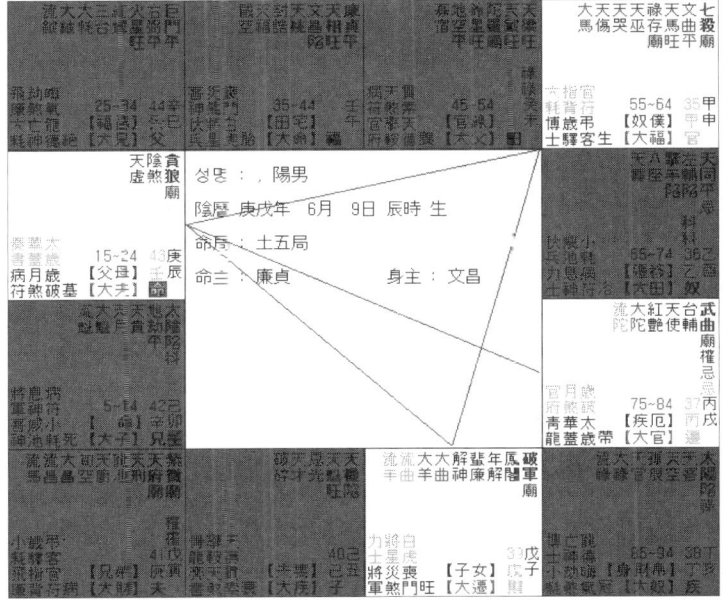

2012년에 명궁 탐랑을 기준으로 삼방이 살파랑(칠살, 파군, 탐랑의 조합구성)이라는 변화를 암시합니다. 물론 관록궁의 록마교 치로 수익면에서 길하고 관직의 변화와 권력(칠살)의 크기를 나타내며, 이 사람이 바쁘게 움직임(천마)을 알 수 있게 합니다.

하지만 대궁인 천이궁에 무곡이 화기되면서 모든 대외적인 일들은 번잡하고 꼬이고 자신이 직접해결하지 않으면 해결되지 않는 난국을 뜻합니다.

재백궁의 파군성은 벌고 다시 투자하는 운을 이야기 하는 것입니다. 재백궁에 파군이 들면 그 재물이 한자리에 머물기 어렵습니다.

유년의 명궁은 어떤 뜻이 될까요?

유년의 명궁에서도 당연히 선천의 명궁은 적용되고 변화하지 않습니다. 단지 대운의 명궁이 궁명에 해당하는 주제를 가진 목적이라면 유년의 명궁은 그 주제에 부합하는 일 년 동안의 활동에너지를 나타내는 것입니다. 별의 이름으로 나열해서 문장을 만들면 이렇습니다.

"태음성이 염정, 천상으로 자신의 터전을 이루는 때 중에 한 해 동안 탐랑을 행한다."

역학인이 되는 사람이라고 가정해서 다시 말하면,

"역학에 재능을 가진 이가 자신의 명예와 관직을 얻는 때 중에 한 해 동안 자신의 과거의 터전을 바꾸고 새로운 터전을 마련하려 한다."

이제 아시겠죠? 이렇듯이 논명을 할 때에는 하나의 문장처럼 스토리가 이어져 가야함을 잊어서는 안 됩니다. 그리고 이렇게 판단한 후에 주변의 궁과 인맥, 가족관계, 흉한일과 길한 일을 살펴가며 풀어나가는 것이 논명술입니다.

라. 월운을 보는 법

1. 가장 큰 기준은 년의 명궁을 살펴 명주 본인의 기운역량을 살핍니다.

2. 삼방의 회조를 살펴봐서 직업과 재운을 살펴봅니다. (화기성과 녹권과가 삼방에 있는지를 본다.)

3. 명궁을 기준으로 1월을 택해서 가는 경우와 두군 법을 통해서 1월을 찾아가는 방법 두 가지를 쓰는데, 되도록 유년명궁이 1월이

되는 법을 사용하면 적중률이 높습니다. 기준을 잡기위해 작년포국을 놓고 화기성이 있는 곳을 월궁으로 세어서 몇 월인지 파악하고 물어봅니다. 만약, 명궁 두군으로 세어 월궁화기가 닿았을 때 나쁜 일을 겪었다면 명궁 두군, 두군법으로 세어간 월궁화기에서 겪었다면 기존의 두근법을 사용합니다.

예) 경양을 12월궁으로 볼 때, 그 역량의 해설

경양은 밝으면 제어가 되고 어두우면 제어가 불가능 합니다.(제어가 불가능하다는 것은 내가 아무리 참아도 타인으로부터 어쩔 수 없이 피해를 입게 된다는 뜻이다.) 경양은 싸움, 다툼, 경쟁에서의 승패에 작용하며, 대인관계(부모, 형제, 노복, 부부, 자녀)에 들어가면 그들로부터 손괴를 입고 또는 그들이 경양에 해당하는 일을 당하게 됩니다.

밝으면 자신이 제어하는 별이 되어 자제력을 통해 이 별의 기운을 면하지만 어둡다면 자신이 절제를 해도 타인으로부터 침탈을 당해 벗어나지 못하는 이치입니다.

경양은 주성과 함께 할 때, 주성이 가진 속성을 공격하는 별로, 파군의 속성인 '머리'에 공격을 받으면 악성두통이 생기고 천부성 같은 곳간의 속성에 공격을 받으면 곳간이 깨어져 재물이 새나갑니다. 경양의 힘을 제어해 주는 별은 천동성이 밝을 때 가능합니다.(화기가 되지 않아야 함)

경양을 이롭게 쓰는 것은 묘, 왕, 평일 때 가능하고 함지에 들면 거의 힘듭니다. 단, 경양이 함에 이르고 이롭게 쓴다면 험한 일을 하게 된다. 선천운에서 경양을 이롭게 직업으로 사용해서 살고 있다고 하더라도 월운에서는 흉하게 보는 것이 맞습니다.

〈경양의 월운 각궁에서 역할〉

명궁: 유년명궁에 들면 다치거나 터전을 버린다. 월궁이 닿으면 그 힘이 두 배가 된다.

부모궁: 부모가 아프거나 직장상사로부터 괴롭힘을 받는다. 수직적인 인간관계에서의 문제가 생긴다.

형제궁: 유년에서는 사회적인 동료에 더 무게를 두고 해석한다. 동료와 다툼이 있거나 믿었던 동료로부터 피해를 입는다.

복덕궁: 우연한 사고나 정신적인 고통을 겪게 되지만 힘은 약하다. 단지 우연한 액운을 조심해야 한다.

부처궁: 배우자가 다치거나 배우자와 다투게 된다. 또는 배우자로 인해 악재가 발생하여 고생하게 된다.

전택궁: 집에 문제가 생기거나 직장 자체에 문제가 생기기도 한다. 회사를 옮기고 싶어 하는 사람이면 직장을 그만두게 된다. 또는 사놓은 주식과 땅값에 문제가 생긴다.

자녀궁: 자녀가 다치거나 재물에 손괴가 있다. 또는 숨겨둔 연인으로 인해 다툼이 발생한다.

관록궁: 직업을 그만두거나 직장에서 싸움이 생긴다. 직장이 없는 자는 배우자와 문제가 생기고 감정싸움보다는 겉으로 드러나는 다툼이 생긴다. 개인사업자는 운영이 힘들다.

재백궁: 돈 때문에 마음상하는 다툼이 생긴다. 또는 재물을 스스

로 포기하게 된다. 재물에 관련된 크고 작은 악재가 생긴다.

노복궁: 아랫사람이 공격하거나 배신, 또는 다툼이 일어난다. 사업주는 믿었던 부하직원으로부터 배신을 당하고 회사원은 후배로부터 공격받는다. 직업이 없는 사람은 그냥 자신만 조심하면 된다.

질액궁: 교통사고에서부터 뼈로 다치는 일이 많다. 월궁이 되면 그 달에 사고율이 높아진다. 파군과 함께하면 머리를 다치고 거문과 함께하면 장에 탈이 나며 탐랑, 태음과 함께하면 자궁계통이나 성기에 수술의 문제가 생긴다.

천이궁: 길에서 다치게 되는 운으로 천마와 함께하면 다리를 다치고 가벼운 차사고가 나는 경우도 있다. 외부에서 찾아오는 복을 스스로 차버리는 경우도 있다. 외부인과 다툴 일도 있다.

이렇게 흉성을 기준으로 그 당사자가 그 시기에 어떤 일을 겪었는지를 측정해봅니다.

4. 유월은 주성의 역할도 강하지만 보좌성의 역할도 상당하게 강해집니다.

5. 월궁이 도착한 궁이 궁의 명칭에 따라 그 일이 일어나는 주제가 되기도 합니다. 단순한 사건들은 유년궁명에 일치하고 대운 안에 겪어야 할 일이 그 유년의 유월에 해당한다면, 대운궁명에 해당하는 일이 일어나고, 또 선천운에 겪어야할 커다란 일이라면 선천궁명에 해당하는 일을 겪게 됩니다.

6. 월운을 볼 때에는 그 해당 월이 도착한 궁의 유년궁명을 주제로 볼 것, 그리고 14주성으로 궁명과 조합하여 길흉을 볼 것, 록

권과기를 통해 재물운과 직업운 그리고 재액을 살필 것.

7. 월운에서 힘이 강한 사화는 유년 '록권과기'가 더욱 강해집니다.

8. 월궁사화는 일간에서만 영향이 나타납니다.

9. 직장관련 길운은 유년의 록(취업, 시험), 권(승진, 이직), 과(시험, 취업)로 과가 더 이롭습니다.

10. 연애관련 길운은 탐랑, 천요, 홍란, 순으로 또, 궁명이 선천부처, 대운부처, 유년 부처궁에 앞의 세 개의 별이 닿았을 때가 가장 이롭습니다. 인연은 탐랑이 길고, 천요는 1~3년이며 홍란은 1년 이내입니다.

11. 재물의 길운을 볼 때는 록이 월궁에 닿을 때가 중요하며 그 록은 선천록, 대운록, 유년록 모두 유효하지만 그 강약은 다릅니다.

12. 흉액이 들어올 때는 화기를 집중해서 보아야 하며 궁명(선천, 대운, 유년)과 연결되어 들어올 때가 많습니다. 특히, 문창문곡에 화기가 붙어 들어오면 흉한 일이 생기며 재물궁에서 붙으면 사기, 횡령, 분실, 손해를 입히고 관록궁에 붙으면 직장을 그만두게 되는 것과 같이 그 궁에서의 흉한 일을 일으키고 월궁이 그 궁에 닿을 때 그 힘이 더욱 강해져 그 달에 손실을 입힙니다.

13. 유년을 평가한 후 1월부터 12월까지 흐름을 파악하여 각 월별로 어떤 주제로 흘러가는지와 길흉화복의 변화를 스토리있게 해설해나가는 것이 중요합니다.

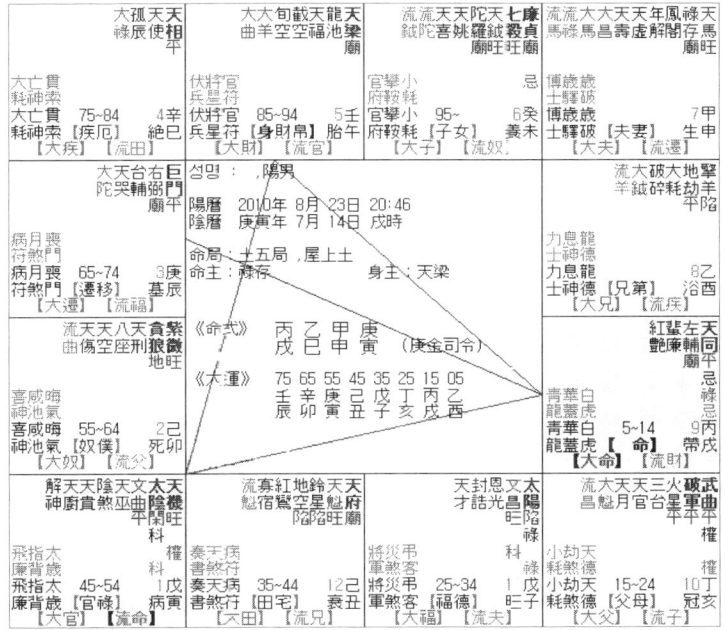

예) 2010년 기준으로 월운 해설.

(2010년 태생이니 어리지만 성인으로 가정해서 해봅니다.)

1. 올해 주제가 직업에 관련되어 길흉이 있으니
(2010년 명궁이 선천 대운의 관록궁)

2. 좋은 직업은 생기되 재물은 이롭지 않아 버는 만큼 쓰게 된다.

3. 1월에 취업이나 이직, 승진의 운이 있어서 연봉이 오를 수도 있다.

4. 2월에 연애운이 강하니 인연을 만나게 되나 상대의 나이가 아주 많거나 아주 어리다.

5. 3월에 친구들과 인연이 강해지니 친구로부터 도움을 받거나 이

익이 있고 구설수가 들었으니 주의해야 한다.

6. 4월에 계약이나 문서에 도장 찍을 일이 있으니 신중하게 해야 이익이 있으며 아프거나 피로에 쌓여있게 된다.

7. 5월에 직장이나 재물로 인해 걱정거리가 있으나 금방 해결이 된다.

8. 6월에 사기수가 있으니 이성을 주의하고 헛된 이익에 정신을 팔면 안된다. 손해는 아랫사람이 끼친다.

9. 7월에 돌아다닐 일이 있으니 돌아다니면 밖에서 이성을 만나게 된다.

10. 8월에 교통사고운이 있으니 주의라, 그렇지 않으면 돈을 잃거나 도둑을 만난다.

11. 9월에 이익이 있으나 나갈곳도 많으니 들어온 돈이 손에 남아있기 힘들다.

12. 10월에 새로운 일을 하거나 이직을 하려하지만 오라는 곳은 많아도 정작 갈 곳은 부족하다. 갑자기 나타난 이가 소개해주는 곳이 이롭다.

13. 11월에 실직자면 취업이 되고 문제가 많은 이들은 문제가 해결된다. 문서에 이롭고 일시적인 재물이 찾아든다. 연애가 아닌 이성과의 만남이 우연한 기회와 이익을 준다.

14. 12월에 모아놓은 재물이 많이 나가니 남모르게 속 앓이를 하게 된다. 윗사람은 도움이 되고 형제관계는 나를 괴롭힌다.

월운은 이런 식으로 계속 해설해나가면, 스스로 이렇게 별들의 흐름에 따라 스토리텔링을 자연스럽게 구사할 수 있게 됩니다.

많은 연습을 요하는 과정이니 스스로 주변과 자신의 명반을 놓고 꾸준히 연습하고 맞나 틀리나를 관찰하여 생각의 폭을 더 넓혀나가야 합니다.

저는 이렇게 약 1만 여회를 사용해왔고 그로써 이렇게 논명의 방법을 찾아낸 것입니다. 그러므로 자미두수를 공부하면서 논명에 막힌다면 이 방법으로 연습을 하시고 꾸준히 해보시면 많은 도움이 되실 것입니다.

자미두수 수행기

흔히들 자미두수는 쉬운 줄 알고 덤볐다가 몇 번을 집어 치운 후에나 익힐 수 있다고 합니다. 필자 역시 분에 못 이겨 자미두수 책을 찢고 태우고 쓰레기통에 버리거나 남에게 줘버리기 일쑤였습니다.

그렇게 방황하는 동안 어떤 이론을 붙이고 궁과 오행을 붙여가며 읽어도 보고 격국만 따져가며 읽어도 보았습니다. 나중에는 '자미두수는 허성이 아닌 실성(實星)이다~' 라는 실성(失性)한 소리까지 해댄 적이 있었습니다.

그리고 그런 모든 것들이 거품처럼 일어났다가 어느 날, 한 순간에 모두 가라앉았다. 그리고 궁과 별의 경계선이 내 머릿속에서 사라지고 선천명반 하나에 많은 것이 보이기 시작했습니다.

이 말은 '소설' 이 아닙니다.

어쩌면 이 책을 읽고 그동안 자미두수에 관해 방황하는 마음이 가라앉는다면 여러분 또한 그런 카타르시스를 경험하게 될 것입니다.

이제부터는 필자가 공부했던 방식을 공개합니다.

공부하다 방황하는 분들이 계시다면 혹여 이런 방식으로도 도움이 될지 모르니 따라 해보심도 좋을 것입니다.

제가 자미두수를 세 번째 집어치운 후에 다시 손에 잡았을 때는 대유학당의 프로그램을 40만원내고 구입했을 때입니다. 미국으로 이민을 가기 전 심심풀이로 공부 해볼까...? 하는 생각이었지요.

이때까지는 프로그램에 나오는 자미전서 보충페이지를 읽어가며 공부했습니다.

그러니까 제 명반을 띄우고 관록궁의 별이 보이면 바로 책을 뒤져 맞든 틀리든 그 별을 한번 읽어보았습니다. 단, 다른 내용이 아니라 자미전서 '원문' 한자를 알게 되든, 모르게 되든 읽어가는 것입니다.

저는 선천적으로 외워서 무엇을 하는 걸 귀찮아합니다. 그냥 내 명반, 부모님 명반, 형제 명반 등, 내가 묻지 않고도 어느 정도 삶의 형태를 알고 있는 사람 것은 모두 입력해서 모든 별들에 대해 책과 제가 알고 있는 사람의 삶을 비교해서 꾸준하게 읽어 갔습니다.

이런 과정에서 정말 자미두수프로그램은 반드시 필요합니다. 유료든 무료든 구해서 함께 사용하셔야 합니다.

그즈음에 머릿속에 드는 질문이 있었습니다. 아마 여러분도 느끼셨을 것입니다. 바로 '왜 선천운은 맞는데 일년 운은 안 맞지?' 이 의문이 들 때쯤에 이민을 가게 되었고 책을 덮어놓았습니다.

그리고 이민을 간 후에 취업이 어렵고 사는 것이 힘들어지자 다시 자미두수를 열어보게 되었습니다.

그리고 다시 하나하나 제 삶에 대해 풀어나가기 시작했습니다.

이때에는 격국을 버렸습니다. 무슨 격, 무슨 격, 하는 격국을 버리고 '뭐가 뭐를 만나면 어떻다.'를 버리고 그 별 자체를 탐구하기 시작했습니다.

그러면서 얻어진 것이 '별은 변성(變性)한다.' 라는 것이었습니다. 단순히 대운명궁에 있는 별이 그 대운의 명(命)이 되는 것이 아니라 선천명궁에 있는 별의 영향이 대운명궁의 별을 변성시키는 것을 알게 되었고, 당연히 유년 명궁의 별은 대운명궁의 별이 변성시켜 책에는 나오지 않는 활동을 하기 시작하는 것이 보이기 시작했습니다.

예를 들면, 하나의 탐랑이 대운 명궁에 들었어도 선천명궁의 별에 영향을 받아 그 탐랑의 힘이 변성되어 마치 다른 별처럼 행동한다는 것이었습니다.

그리고 우연한 기회에 LA에서 상담을 할 일이 생겼습니다. 취업도 안 된 터라 먹고살기 급급해진 저로써는 거절할 이유도 없었지요.

찾아온 손님들에게 격국을 버리고 별의 변성을 적용시켜 월궁까지 불러줬습니다. "몇 월에 무슨 일, 이사를 가면 어떻고..." 그리고 두 달 정도 조용했습니다. 잠잠 했던 동안 그동안 해석해준 것에 틀린 건 없었는지 공부하면서 지냈지요.

그리고 두 달 후부터 처음에 왔던 사람들이 몰려오기 시작했습니다. 그 당시에 상담했던 내용들이 모두 맞아 들어가서 소문이 나기 시작했던 때였습니다. 써머리 페이지에서 그런 별의 형태를 말씀드리겠지만...

대표적인 예로 유년 전택궁에 경양성이 독좌하고 함에 떨어진 손님하나가 이사를 간다고 했었습니다. 하필이면 월 명궁이 유년 전택궁에 들어갈 때 이사를 간다고 하더군요. 그래서

"집에 금이 가있으니 그때 이사를 가시면 비가 샐 겁니다. 조금 기다렸다가 다음 달에 다른 집이 나오면 이사 가세요"

그러자 손님은 피식 웃었습니다.

"저기... 한국에서 오신지 얼마 안 되서 모르시나 본데 LA는 집에 물이 샐 정도로 비가 오지 않아요."

그리고 그 손님은 고개를 가로저으며 돌아갔습니다. 후에 그

손님의 전택궁에 해당하는 달이 지나고 두 달쯤 더 지났을 때였습니다. 낯익은 사람이 찾아와 너무 미안한 듯이 미소를 지으며 상담을 요청하기에 '누구지?' 하고 쳐다봤더니 그때 그 손님이었습니다. 그리고 그 손님이 입을 열었습니다.

"그때 선생님이 집에 비 샌다고 하셨잖아요."

"아~ 네 기억나요."

"이사 가고 얼마 안 되서 기상이변 때문에 비 왔잖아요... 선생님 말씀대로 집에 비가 많이 새네요."

"하하, 그랬군요."

"근데 그걸 어떻게 아셨어요?"

그 손님의 명반을 열고 한참을 왜 집에 물이 흘러나오는지, 앞으로 어떻게 해야 이사를 갈수 있는지를 알려주며 상담을 마무리 했었습니다.

이후로 소문이 많이 나서 먹고사는데 지장 없이 계속 자미두수 공부에 몰두할 수 있게 되었습니다.

그러나 스승 없는 공부가 진척이 그리 많을 리 없었습니다. 욕심은 많은데 알 수 있는 것은 한계가 있으니 답답할 지경이었지요. 그러다가 상담자 목록이 600명이 넘었을 때 였습니다. 갑자기 라스베이거스에서 친한 손님에게 전화가 왔습니다.

"저희가 지금 가지고 온 돈을 모두 잃어서 그러는데 틀려도 좋으니 한번만 도와주세요."

저는 고민을 하다가 그 손님의 명반을 놓고 월궁을 찾은 후에 그 월궁에서 첫날을 집어 그날의 일진까지 진행하고 거기에서 자시부터 시작해서 천동, 록존이 가장 안정된 시간대를 골라 두 시간을 지정해주고 그 시간이 지나면 그냥 포기하라고 하고 통화를 끝냈습니다.

그리고 다음날 그 손님들이 찾아왔습니다.

"선생님 덕에 본전을 모두 찾고 왔어요. 전화 드렸을 때 딱 300불 있었는데 돌아 올 때 비용하고 호텔비하고 가져갔던 돈은 복구했습니다. 하하하"

이렇게 손님들과 친분을 쌓으면서 지속적인 상담의 결과를 보고 받는 단계가 되어가고 있었습니다. 이때부터 공부가 점점 빠른 속도로 진행되기 시작했습니다.

손님들은 상담을 받은 후에 제가 예측 해준 일이 일어났는지 그냥 지나갔는지에 대해 계속 알려줬고, 그때마다 왜 일어났는지 또는 왜 그냥 지나갔는지에 대해 정리하고 별의 특성을 다시 정리하며 연구에 몰두하게 되었습니다.

그러다 800명대가 지나갔을 때, 한 변호사님을 만나게 되었고 이 변호사님이 각종 소송에 대해 결과를 꾸준히 물어보게 되었습니다.

거의 실제 범죄자나 또는 누명을 쓴 자, 치정에 문제가 일어난 자들 까지 정말 천형성과 염정이 화기 되었을 때 등, 많은 사람들이 별 하나를 어떻게 쓰면 죄가 되고 어떻게 쓰면 그것이 복이 되는지를 알게 되었던 것입니다.

그렇게 1000명대가 넘었을 때 변호사 사무실에서 전화가 와서 이런 질문을 했었습니다.

"오늘 중요한 소송이 있는데 이게 오늘 더 이상 연기할 수 없는 마지막 재판일이예요 승소할지 알 수 있을까요?"

그런데 하필이면 그 변호사님의 명반에 관록궁에 문창화기가 떡 하니 들어있었습니다.

"제가 보기엔 오늘 재판이 문제가 생겨 연기될 것입니다."

"아냐, 아냐~ 그럴 수가 없어요. 미국법이 그걸 연기할 수가 없게 돼 있어요."

"만약 미국법이 그래도 제가 말씀드릴 수 있는 게 그 대답밖에 없어요. 오늘 재판은 연기되고 결과가 없습니다.'

변호사님은 오랜만에 틀릴 거라면서 전화를 끊었습니다. 그리고 그날 오후에 전화가 왔습니다.

"정말 귀신이 따로 없네요, 하하, 오늘 우리나 피고 쪽의 실수가 아니고 판사 측 실수로 자료가 빠져서 재판을 못했어요..."

"네 오늘 문창화기가 주제인 날이었는데 문곡이 화기가 되었으면 패소였을 것을 문창이 화기되서 재판이 지연될 것뿐이에요."

아직도 이 변호사님하고는 친분을 계속 쌓고 살고 있습니다. 이 분의 도움으로 각종 파절과 인생의 고통과 감옥에 갇히는 우여곡절이 많은 분들의 사주를 체험하고 해석하고 공부할 기회가 있었던 것입니다.

이렇게 별들의 변성이 어떻게 일어나고 사람들의 생활에서 화기와 화록들이 어떤 조용을 하는지에 대해 정리가 되었을 때가 인명기록을 1,400명을 넘겼을 때 였습니다. 그리고 컴퓨터에 바이러스가 침범해서 그 명단이 모두 사라졌습니다. 다행이 백업해둔 400명이 있어서 그때부터 다시 채워나가기 시작했습니다.

그리고 그 명단이 다시 1,400이 넘고 또 바이러스 삭제하고 이런 식으로 약 3,000분의 상담을 하게 되었습니다. 그리고 그중에

약 1,000분정도가 두 달에 한 번씩은 제가 미국생활 힘들까봐 일부러 돌아보러 와서 상담료를 놓고 가는 분부터 매월 말씀드린 운이 맞을 때마다 해결책을 위해 찾아오는 분들까지 한다면 최소 횟수로 1년 6개월간 10,000여회의 상담을 넘겼다는 것입니다.

한국에 돌아와서 강좌를 하며 누누이 말을 하지만 자미두수를 공부할 때 최고의 스승은 바로 '손님' 입니다. 그 손님을 '수입'으로 보지 않고 '스승'으로 모실 때 초심자인 당신은 정말 많은 공부와 자미두수에 숨어있는 표현하기 힘든 속뜻을 알게 될 것입니다.

덧붙여 꼭 자미두수를 공부하고자 하시는 분들에게 당부를 드립니다.

1. 격국을 버리면 밝기가 보이고, 밝기를 보게 되면 외우지 않아도 격국을 알게 된다.

2. 별에게 사람을 맞추지 말고 사람에게 별을 맞추어야 사람이 별이 되어 미래가 보인다.

3. 자미두수로 유년을 못 본다고 다른 학문으로 유년을 볼 것이라면 애당초 자미두수를 하지 말라, 시간낭비다.

4. 목화토금수, 60갑자까지 모두 버려라, 자미두수에선 오로지 시간선을 표시하기 위한 천간지지일 뿐이다. 별의 뜻을 모른다고 별의 오행을 재서 판단하려는 꼼수를 버려라, 그럴 것이라면 애초에 진희이선생이 자미두수를 정리 할 필요도 없었다.

5. 다른 학문과 비교하며 습득하려면 그냥 다른 학문을 열심히

하는 것이 시간낭비를 안하는 비법이다. 명리는 명리고 자미두수는 자미두수일 뿐이다.

6. 별을 공부하면서 왜 별을 보지 않고 오행과 격만 바라보는 오류를 범하는지 스스로 생각해봐야한다.

7. 별은 당신도 모르는 당신의 본성을 이야기 한다. 부정하지 말고 그 의미를 파악하여 자신의 본성을 알아내라.

　　이제부터는 제가 그동안 상담하며 만들어 두었던 써머리를 알려드리겠습니다. 부디 공부하시는 분들에게 많은 도움이 되시길 바랍니다.

홍성파 논명 써머리

이 단원은 그동안 제가 상담하면서 따로 정리한 써머리입니다. 자미전서에 나올 수도 있고 나오지 않는 것도 많습니다. 하지만 3,000여명의 내담자들을 통해 정리했으므로 신뢰성이 높다고 할 수 있습니다. 그러므로 앞으로 공부하고 상담할 때 참조하시면 도움이 되실 것입니다.

1.
여명에 명궁-관록궁에 고진 과숙이 마주보면 그 여자는 유부남과 사귈 가능성이 높다. 또는 자신이 의도하지 않아도 유부남인걸 숨긴 남자와 연애할 가능성이 높다.

2.
명궁-재백궁에서 마주보면 유부남을 스폰서로 둔다.

3.
만약 대운에 1과 2에 해당한다면 그 대운동안 그런 일이 생긴다.

4.
대부분 디자이너 및 창작의 업무를 하는 사람들은 관록궁에 지공이 비친다.

5.
창작업에 겁공이 비치면 독창적이고 자미나 탐랑이 비치는 명은 유행을 따른다.

6.
자미는 스스로 뽐내지 못하기에 보좌성이 없으면 혼자서 고독하게 된다. 예술가라면 남들이 알아주지 않는 예술가이다.

7.
자미독좌라면 밝기와 보좌성이 좋아도 후반 2건이 좋지 않으면 선거에서 떨어진다.

8.
유년에 자탐이 명궁에 동궁하면서 이성교재가 시작되었다면 연애하면서 인간성이 바뀐다. 겸손했다면 갑자기 자만해지거나 남의 말을 곁 듣는 등 상태가 안좋아 진다.

9.
결혼하는 해에 천희 홍란이 대궁으로 보고 고진과숙도 같이 보고 있다면 결혼한 후에 떨어져 살게 된다.

10.
여명이 결혼 하는 해에 천희 또는 홍란을 보고 과숙을 달았다면 숨겨둔 남자와 헤어지는 것이니 결혼하는 배우자와는 문제가 없다.

11.
자녀궁에 천형이 들면 자녀에 장애가 있거나 부모와 형극해서 사이가 좋지 않다.

12.
출산하고자 하는 유년의 자녀 궁에 천형이 들면 유산하거나 난산하거나 자녀에 장애가 생긴다.

13.
관록궁이 나쁜 여자가 취업 잘하고 살고 있다면, 그 여자는 결혼을 하지 못했거나 결혼 후에 남편이 생활비를 벌어주지 않는다.

14.
부처궁이 나쁜 여자가 결혼해서 잘 살고 있다면, 자미두수가 틀린 것이 아니라 그 여자의 관록궁이 좋은 것이다. 단, 관록궁이 부처궁에 에너지를 주게 되면서 여자는 직업을 갖지 못한다.

15.
록존은 사업을 시작하는 계기가 되지 못한다. 사업의 시작을 알리는 별은 유년의 '파군' 이다.

16.
명궁의 도화성은 자신이 연애를 하고 싶은 것이요 부처궁의 도화성은 나와 연애하고 싶은 사람이 있다는 것이다. 유년이 그렇다 해도 대운이 고진과숙이라면 그런 일은 일시적으로만 일어난다.

17.
유년 부처궁에 천마가 들면 잠시 떨어져 지내야 하며, 함께 지낸다면 고통스러워진다. 만약 배우자의 직업이 돌아다니는 것이라면 별일 없이 무난하다.

18.
천이궁의 록마교치는 절대로 내 돈이 아니라는 것이다. 단지 내 환경이 부지런하면 재물을 얻을 수 있는 것을 뜻하거나 원거리 여행으로 돈을 지출하게 될 수도 있다. 천이궁의 록마교치 상황은 그 해의 재백궁에 연계된다.

19.
자녀궁에 지공이 들면 스스로 유산을 하게되고, 지겁이 들면 사고나 다치는 일로 강제 유산이 되어버린다.

20.
여명에 자녀운이 없다면 자녀운이 많은 남자와 결혼해야 자녀를 얻는다. 단, 선천자녀운이 없기에 자녀와 화기애애하기는 어렵다.

21.
자녀궁에 천형으로 형극이 있다면 10~12살까지는 조부모 손에 길러야 자신과 자녀가 해롭지 않다.

22.
관록에 천형이 들고 소송이 들어간다면 벌금 낼 일을 미리 만들면 그 액이 축소된다. 교통범칙금이 제일 싸다.

23.
관록궁에 문창이 화기 되면, 모든 일이 어렵고 난조를 띠며 뒤로 밀리다 무산된다.

24.
여명에 염정이 어두우면 문란해지나 자신은 문란하지 않다고 여긴다.

25.
여명이 염정탐랑이 어둡게 비치면 문란해 보이나 자신이 좋아하는 사람 앞에서만 문란할 뿐이다.

26.
천기성은 영원한 2인자의 별이다. 하지만 그 때문에 1인자가 되고 싶어서 자신을 조절하지 못한다. 그래서 천기가 어두우면 주인을 배반하게 되는 것이다.

27.
거문이 독좌하고 문창곡을 보지 못하면 비평은 잘하지만 논리적이지 못하다.

28.
기혼자가 천량성이 부처궁에 들어가면 배우자가 집착하게 된다.

29.
미혼자가 천량성이 부처궁에 어둡게 들었다면 스토킹을 당할 위험이 있다.

30.
유년 노복궁에 천기가 어둡게 들면 그 해에는 사람을 뽑지 않는 것이 좋다.

31.
대운 노복궁에 천기가 어둡다면 그 대운 기간 안에 가장 나쁜 해를 가려 미리 대비해야 한다. 이미 데리고 있는 사람이 배신한다.

32.
염정이 명궁에서 밝고 화기가 되면 이상하게 다치는 일이 많다.

33.
무곡이 천이궁에서 화기가 되면 다리를 다치거나 교통사고가 일어난다. 이 경우는 질병궁과 상관없이 일어난다.

34.
염정의 도화는 육욕(肉慾)이고, 탐랑의 도화는 정욕(情慾)이다.

35.
천요의 도화는 색욕(色慾)이고 홍란, 홍염의 도화는 홍가욕(紅街慾)이다.

36.
대운에서 명궁-재백궁에 겁공이 어둡다면 그 운한에서 다시 마주칠 때 사업자는 망할 것이요.
월급쟁이는 돈이 모두 날아가며 투자한 돈은 떼어 먹히게 된다.

37.
천기성이 어둡거나 화기가 되면 아무것도 하지 말고, 자신 앞에 있는 일이나 하면서 시간을 보내라. 대운이면 힘들지만 세운의 운한이라면 견딜 만 할 것이다.

38.
태음성이 명궁이면 처음부터 그 사람과 단독으로만 상담해야하고 오해가 없도록 자세히 상담해야한다. 태음성은 자신을 감추는 힘이 강하다. 달이 어둠을 유지하며 적당히 밝히는 것처럼 속을 내어놓지 않는다.

39.
관록궁 재백궁에 겁공이 비치면 창작이나 중계업에 종사하면 재액을 면할 수 있다.

173

40.
천마는 록존의 발이 되기도 하고, 부처궁에 들어서 한시적인 이별수를 상징하기도 하며, 이별이 없을 때는 감정의 교란으로 잦은 싸움을 이야기 한다.

41.
천마가 본궁과 복덕궁이 인신사해에 닿고 중첩되거나 대궁에서 공명 할 때, 그 에너지는 출행을 하지 못하는 사람에게는 일시적인 우울증이나 조울증 같은 정신적인 고통을 만들어 주기도 한다.

42.
천마가 출행의 에너지를 일으키고, 공겁이 재백이나 복덕을 비우고 천형이 명궁에서 가두면, 출가하거나 화주승이 되거나 역학인이 되어 떠돌기도 한다.

43.
별이 성정변화를 일으키는 것을 측정하는 순서
첫 번째는 밝기로 에너지의 길흉과 세기를 본다.
두 번째는 사화로 도움과 자라남과 시비를 본다.
세 번째는 앉은 궁의 명칭과 어우러짐을 본다.
네 번째는 회조하는 별들과 어울림을 본다.
다섯 번째는 선천궁과 대운궁의 어울림을 본다.
여섯 번째는 대운궁과 유년궁의 어울림에 있다.
일곱 번째는 선천사화와 대운사화의 조합이다.
여덟 번째는 대운사화와 유년사화의 조합이다.
아홉 번째는 사화와 궁의 어울림에 있다.

44.
칠살 수명자는 자신의 마음에 들지 않는 운명을 믿지 않는다.

45.
천기성(天機星)이 함(陷)-평(平)하고 기(忌)가 되어 명궁, 신궁 또는 복덕궁에 앉은 사람, 이 사람은 자신의 윗사람을 배신하는 운을 가지고 태어난다. 외모는 선량하고 순하여 사람들이 잘 속는다.

46.
염정성(廉貞星)이 함(陷)-평(平)하고 기(忌)가 되어 명궁, 신궁 또는 복덕궁에 앉은 사람, 이 사람은 욕심이 많아 함께 하는 사람들에게 손해를 끼치며 자신의 이익을 쫓는다. 동업을 함께 하면 패가망신하고 소송을 겪어야 한다.

47.
거문성(巨門星)이 함(陷)-평(平)하고 기(忌)가 되어 명궁, 신궁 또는 복덕궁에 앉은 사람, 함께 하면 뒷말을 만들어내 집단을 사분오열로 흩어놓는다. 말하기를 좋아하는 별이 어두우니 없는 말도 지어낸다.

48.
남녀 모두 복덕궁에 천형이 들면 얼굴에 흉터가 생긴다.

49.
신궁에 천형이 들면 신체에 장애가 있을 수 있고, 화성이 천형과 함께하면 유년기에 화상의 흉터를 입는다.

50.
쌍둥이 명반은 첫째를 천반으로 두고, 지반을 둘째로 두면 알 수 있다.

51.
월운을 보기위해 두군(시작하는 달의 궁)을 잡을 때는 사람에 따라 다르지만 대부분 그 해 유년궁을 1월로 둘 때, 정확한 면을 보인다.

52.
천동성이 복덕궁에 밝게 비추거나 화권 화록 또는 록존과 동궁하면 복권이나 상품에 당첨되는 운들이 강하다. 우연히 얻어지는 복이 많다.

53.
선천 부처궁에 지겁이 들면 흉한 대운에 들어 배우자를 잃게 된다.

54.
명궁이 공궁인 사람은 고집이 세다. 그러나 그 고집의 근거가 없으니 사기를 잘 당하게 된다.

55.
염정이 어둡고 부모궁이 나쁘면 여자의 명은 매춘을 하게되는 경우가 있고 남자의 명은 밤에 일하게 된다.

56.
명궁에서 염정이 어두우면 탐욕이 많아 그때그때 자신이 원하는 것에 따라 말을 잘 바꾼다.

57.
태음 수명자는 소극적이고 타인으로부터 자신을 보호하기위한 마음의 벽이 높다.

58.
자미성이 독좌하면 '자신의 생각이 가장 옳다' 라고 믿는다.

59.
선천명궁 자미는 반드시 움직임이 많은 별과 동궁 하던지 아니면, 대운명궁이 활동별과 함께 해야 무슨 일이든 움직인다.

60.
결혼운을 측정할 때는 부처궁에 천희와 홍란을 보았는지를 판단하면 된다.

61.
천희가 부처궁에 있을 때 결혼하면 식을 올린 후에 살고, 홍란이 부처궁에 들면 동거 후에 결혼한다.

62.
여명의 부처궁에 고진이 들면 이혼은 하지 않지만 배우자의 사랑을 받기 어렵고, 과숙이 들면 몇 번을 혼인해도 이혼하게 된다.

63.
남명의 부처궁에 과숙이 들면 부부사이가 서먹하고 떨어져 지낼 때가 많다. 하지만 고진이 들면 이혼을 하게되고 혼인 후에 3년을 넘기기가 어려운 부부인연을 갖게 된다.

64.

명궁, 복덕궁, 재백궁이 공궁이면, 그 사람의 명이 짧거나 살기가 척박하고 힘들다.

65.

천형이 명궁에 든 사람은 그 고집이 강하고 타인의 말을 잘 듣지 않는다. 또는 종교인이 될 가능성이 높은 명이다.

66.

음살은 종교인, 역학인에게는 좋은 별이고 일반인에게는 우울증이나 감정처리가 힘들어지는 별이다.

67.

음살과 거문이 질병궁에 들어가면 장계통에 혹이 생긴다.

68.

여명의 질병궁에 태음, 또는 탐랑이 있으면서 음살이 비치면 난소 물혹이 있거나 자궁계통에 혹이 생긴다.

69.

음살이 명궁, 복덕궁, 관록궁에 있으면 직관력이 높다.

70.

음살은 천무와 함께 있으면, 음살의 기운이 천무에 제어를 당하기에 직관력이 있어도 그 힘을 발휘하기 힘들다.

71.

음살이 부처궁에 있으면 이유없는 다툼이 잦아진다.

72.
유년의 자녀궁에 경양, 지겁이 비치면 반드시 자녀의 유년운을 봐서 그 액운을 파악하는 것이 좋다.

73.
취업을 위해 운을 보려면 그 해의 관록궁의 길흉을 봐야하며, 삼방과 대궁에 사화가 '과' 가 있는지 파악하면 된다.

74.
관록궁에 괴월이 들고 밝으면 윗사람의 중재로 취업할 수 있게 된다.

75.
관록궁에 조·보·우·필이 밝으면 동료들의 도움으로 취업운이 열린다.

76.
명궁과 복덕궁의 별이 어두운 사람은 의심이 많고 고민이 많으며 표정이 어둡다.

77.
상담을 시작할 때는 반드시 부모, 형제, 결혼유무, 직업을 묻고, 명반의 관록궁의 별과 명궁의 별이 어느 정도 일치한지부터 측정하고 시작하는 것이 좋다.

78.
명궁이 공궁인 사람은 차성안궁해서 다른 인생을 사는 경우도 있지만 오히려 공궁인 체로 자신의 대운 명궁의 별에 영향을 받아 대운마다 인생의 흐름이 바뀌는 경우도 있다.

79.
성형수술하기 좋은 때나 각종 수술하기 좋을 때는 질액궁에 길성들이나 도화성들이 비출 때 하는 것이 좋다. 만약 흉성이 비칠 때 수술하면 수술에 장애가 생기고 회복기간도 길어진다.

80.
유년 질액궁에 문창곡이 화기되면 이유없이 어지러운 증세가 있다. 이 병은 그냥 놔두면 지나간다.

81.
주성이 두 개씩 동궁하면, 각 별이 서로에게 영향을 미치는 것이다. 그러므로 두가지의 특성을 지니게 된다. 한쪽이 흉한 주성이고 한쪽이 길한 주성이면 서로 상쇄되어 역할은 하지만 그 별의 특성이 희미해진다.

82.
역학을 연구하게 되는 별은, 자미천상이 동궁 할 때, 거문이 밝을 때, 자미천부가 동궁 해서 삼방에 음살이 회조할 때이다.

83.
역학을 단순히 업으로 삼는 이들은 천량독좌, 천동독좌, 거문이 평할 때, 그리고 어두운 염정과 삼방에서 탐랑 등을 볼 때이다.

84.
역학이나 점술로 타인의 돈을 탐하게 되는 명은 거문함 화기, 염정 함 화기, 천기 함 화기이다.

85.
천상이 함하고 독좌하면, 책으로 연구는 할 수 있어도 실전은 못하게 된다.

86.
여명에 염정파군이 동궁하고 부처궁이 과숙이 들거나 명궁에 과숙이 든 체로 재백궁 또는 관록궁에 고진이 들면 그 여명은 현대판 첩살이를 스스로 하게 된다.

87.
여명에 염정파군이 들면 불륜을 하기 쉽고, 그대마다 주변에 소문이 나게 됩니다. 염정과 파군은 비밀을 지키지 못하는 별이다.

88.
신궁의 특징에서 무극성이 들어가면 몸집이 커진다. 칠살은 마르고 각진 얼굴을 갖는다.

89.
40대의 여명이 부처궁에 천형이 들었으면, 이혼남이거나, 장애가 있거나 함께 살며 상극하게 된다.

90.
명궁을 기준으로 기월동량, 즉 천기, 천량, 태음, 천동을 보고 록존을 보면 공무원이 될 가능성이 높다.

91.
만약, 기월동량이 녹존을 보지 못하면, 중소기업을 꾸준히 오래 다니게 된다.

92.

칠살, 파군, 탐랑은 항상 삼방에서 바라봅니다. 하지만 파군 수명자가 탐랑대운에 들면 파군이 탐랑과 동궁한 것과 같은 효과가 난다.

93.

칠살, 파군, 탐랑은 모아서 살파랑이라고 부른다.
선천에서 들면 삶에 기복이 많고, 대운에서 들면 그 삶에 변화가 일어나고, 유년에서 만나면 자신이 구상하던 일을 진행한다.

94.

파군이 무곡과 함께 있으면 무곡이 지닌 재물을 파군이 사용해버린다. 그래서 재물이 고이지 못하고 겉으로는 부유해도 속으로는 비어가게 된다.
하물며 무곡이나 파군이 어두우면 그 해에 망할 수도 있다.

95.

사업자가 투자를 잘받으려면, 좌보우필, 천괴천월중에 두 개정도를 삼방과 대궁에서 만나야 하고 관록궁이나 재백궁에 록, 록존이 되어있어야 한다.

96.

태양과 태음이 동궁하면 한 하늘을 두고 두 별이 싸우는 것과 같은 이치다. 그렇기에 두 가지 일을 하게 되거나 두 가지의 삶을 살게 된다.

97.
여명의 명궁, 신궁, 톤덕궁에 남성향의 별이 많으면 성욕이 적고 선머슴 같아지거나 동성애를 하게 될 수 있다. 반대로 남명의 경우도 여성향의 별이 많으면 몸짓이 여성 같아지거나 트렌스젠더가 될 가능성이 높다.

98.
파군이 부처궁에 들면, 이혼수와 같이 발동해서 여러 명과 인연을 맺는다. 미혼자의 경우 바람둥이로 끝나지만 기혼자는 그로인해 삶에 우여곡절이 많다.

99.
도화가 강한 사람은 도화에 해당하는 일로 풀어야 하며, 신(神)기운이 강한 사람은 종교로 풀어야 한다. 그러나 삶의 환경이 그렇지 못하다면, 취미로라도 풀어나가면 그로인한 액개가 줄어든다.

100.
차를 구입하거나 비싼 물건을 구입할 때는 삼퇴, 팔좌, 봉각 등이 비추고 주성이 밝은 날 선택하면 이롭다.

마무리 하며,

　　이 책은 자미두수를 통해 상담하고 강좌를 열어온 기간 동안 만들어진 제가 활용하는 자미두수의 기법들입니다.

　　물론, 이 책을 통해 다 못한 말들도 많지만 자미두수로 볼 수 있는 사람에 얽힌 많은 이야기 들이 더 있기 마련입니다.

　　저는 그동안 많은 사람들의 눈물과 기쁨, 등을 함께 겪으며 그들의 이야기에 귀를 기울여 배워왔습니다. 자미두수로 '卜'술을 하듯이 사용하는 사람들도 있습니다. 그러나 저는 자미두수라는 학문이 가진 원래의 뜻과 무관하다 생각해서 익히지 않았습니다.

　　자미두수는 삶을 비추는 거울입니다.

　　그렇기에 사심없이 상담을 청하는 사람의 삶을 비추어 보여주고 그 삶의 안에서 어떻게 살아가야 좋은 삶이 되는 지를 의논하고 함께 고민해왔던 것입니다. 단지 점(占)의 기능으로써 상대의 과거를 맞추고 못 맞추고에 집착했다면, 저는 지금도 이만큼의 이해조차 못하고 있었을 것입니다.

　　이 책을 읽고 공부하시는 분들에게도 이 자미두수가 단순한 점술이나 복술이 아닌 삶을 바로 비춰주는 거울이 되어 많은 이들의 이탈된 삶을 바로잡기 위한 조언가가 되시길 바라는 마음에서 만들어 봅니다.

이 책에서 빠진 포국법이나 각종 격국들은 다른 선학(先學)하신 선배님들의 책을 통해 익히시길 권합니다.

저는 그동안 제가 공부하면서 이렇게 논명하는 순서를 알려주는 곳이 없어 항상 고생해왔었습니다. 그래서 아직은 부족하지만 지금까지 만들어진 것을 두고 정보를 공유하는 의미에서 이 책을 만들어 보았습니다.

끝까지 읽어주신 여러분께 감사의 말씀을 올립니다.